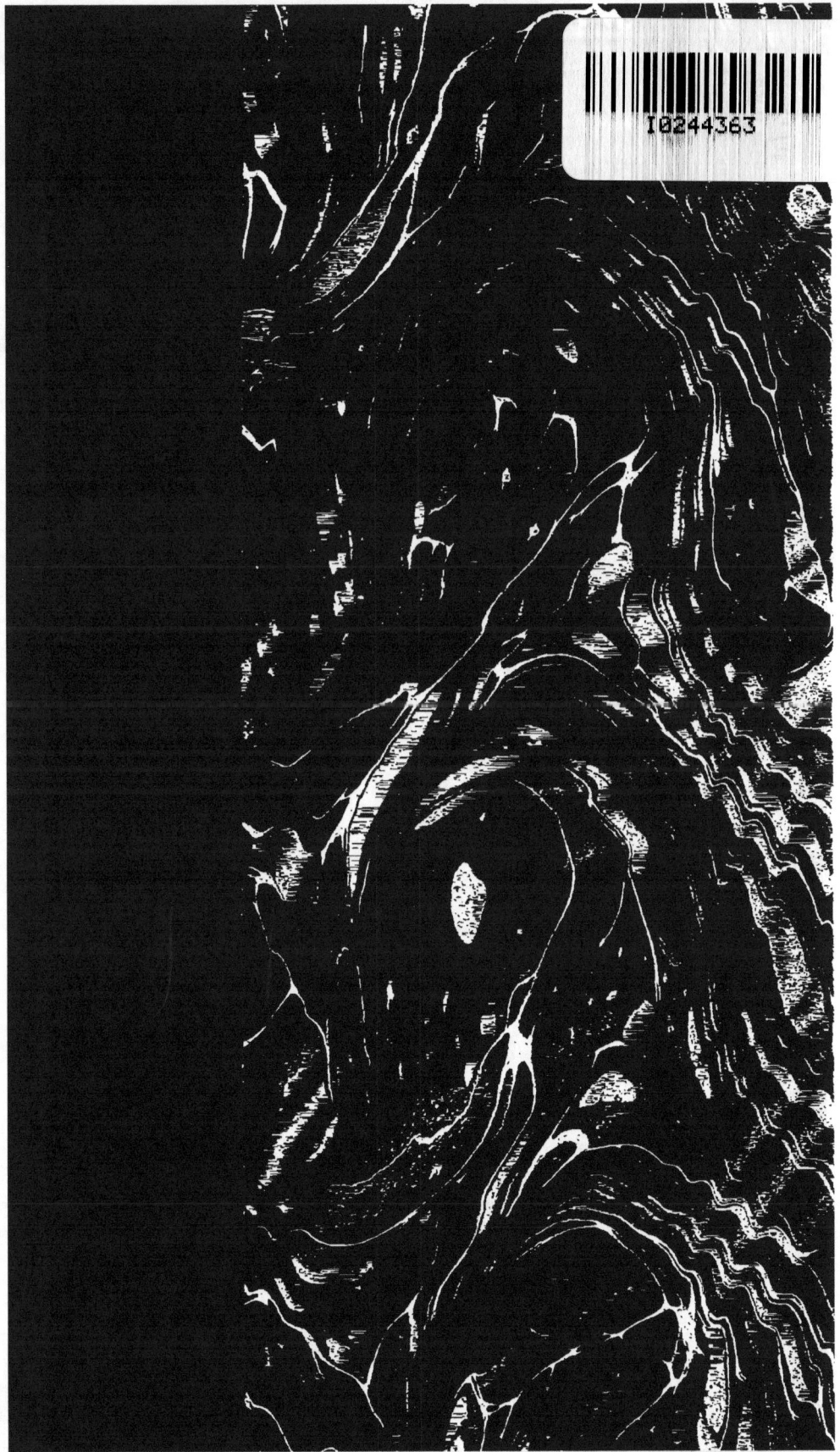

LES SOUTERRAINS

DE BIRMINGHAM.

LES SOUTERRAINS

DE BIRMINGHAM,

OU

HENRIETTE HEREFORT;

Par M.me GUENARD-DE-MÉRÉ,

Auteur des Mémoires de la princesse de Lamballe.

TOME SECOND.

A PARIS,

Chez LEROUGE, Libraire, Cour du Commerce,
Quartier St.-André-des-Arcs.

1822.

LES SOUTERRAINS
DE BIRMINGHAM,

OU

HENRIETTE HEREFORT.

CHAPITRE XVIII.

Sommerset ne doutait point que George serait condamné comme ayant trahi l'état, en s'alliant avec les ennemis de la maison de Lancastre; il pressait la reine de le mettre en jugement et de donner sa fille à William Wilz. Il était loin de penser que Barkler, à qui il avait fait part du piége où lady était tombée, pût prendre assez d'intérêt à la mère et à la fille pour trouver des défenseurs; il ignorait, car les ministres ne savent pas tout, qu'Edgard, amant aimé d'Henriette, était lié avec ce baronet par les sermens les plus sacrés, et que celui-ci avait promis de tout employer pour briser les fers d'Edgard et de l'unir à celle qu'il aime ; que la reine qui a une grande amitié pour Anna, et qui désire lui faire oublier l'injustice de sa conduite envers elle, a autorisé Barkler, à l'insçu du ministre, à tout faire pour sauver son amie et sa fille, et pour les amener à Londres où elle se flattait de faire consentir le lord à marier Henriette avec Edgard, dont Barkler lui avait confié l'amour pour miss. La reine l'apprit avec d'autant plus de plaisir, qu'elle pensait bien qu'il était impossible qu'on pût songer à l'unir à William dont la déloyauté avait mis une barrière insurmontable entre lui et l'aimable fille d'Herefort. Elle attendait donc avec une grande impatience Anna à qui elle voulait apprendre le secret de sa fille et ses favorables dispositions envers lord George, s'il consentait à unir les deux amans, décidée toutefois à effrayer le lord par la crainte de l'échafaud, pour le forcer à consentir au mariage de sa fille avec l'un des deux Wilz; car ce que la reine voulait essentiellement, c'était, comme nous l'avons dit, de ne pas laisser passer les grands biens de la maison d'Herefort à quelqu'un du parti de la Rose blanche.

Le premier soin d'Anna fut de demander une audience particulière à la reine, qui lui fut aussitôt accordée. Lady et sa fille se rendirent au palais où sir Barkler les accompagna; dès qu'elles entrèrent dans l'oratoire de la reine, cette princesse se leva et vint au-devant d'elles pour les empêcher de se jeter à ses pieds, comme elle avait vu qu'elles voulaient le faire : « Non, ma chère Anna, dit-elle, ce n'est point comme suppliante que je dois vous recevoir; j'aime mieux convenir avec vous que j'ai agi trop légèrement envers votre famille; mais cet aveu que je vous fais comme votre amie, je ne le répéterai point comme reine, et je dois à la dignité de mon trône de ne point convenir en public que j'ai eu tort. Rien ne changera donc extérieurement à mes manières; je vous servirai en secret, et je n'ai pas attendu que vous m'en fassiez solliciter pour vous servir. Barkler et un jeune héros auxquels vous devez la liberté, n'ont agi que par mes ordres.» Anna témoigna à la reine toute sa reconnaissance et son respect, et Henriette s'unit à sa mère pour lui faire les mêmes protestations, qui, peut-être, étaient plus sincères que celles de milady, qui conservait un dépit secret de la manière injuste dont Marguerite s'était conduite avec elle au moment où lady lui donnait des témoignages si vrais d'attachement. « Il est temps, dit Sa Majesté, que vous appreniez un secret qui vous surprendra, c'est qu'Edgard aime Henriette. » Milady fit un mouvement de surprise de voir la reine si bien instruite d'une chose qu'elle croyait seule savoir, et Henriette rougit,

« Je l'ai su par Barkler, et c'est Edgard qui vous a sauvées. — Quoi! ce guerrier dont rien n'attestait la noble origine, était lord Edgard ? — Lui-même ; j'en avais fait prévenir Henriette. — Quoi! ma fille, vous saviez que c'était lord Edgard ? — Oui, ma mère, et j'avais cherché tous les moyens de vous le faire savoir, mais toute communication entre nous était impossible. — Ainsi, reprit la reine, c'est à Edgard que vous devez plus que la vie : il aime, il est aimé, et il faut convenir qu'il le mérite ; et, sans perdre de temps en subtilités de sentiment, voyons ce que vous avez à faire et comme épouse et comme mère ; quant à moi je sais de quelle manière j'agirai comme reine et comme amie. Lord William, ajouta Marguerite, a perdu tout droit à ma bienveillance par sa déloyauté envers vous; je renonce donc entièrement à lui faire épouser Henriette, et je transporte à son frère tout l'intérêt que je lui avais voué.

Il ne faut donc plus que nous servir de la captivité des lords William Wilz et Herefort pour les faire consentir à l'union d'Edgard et Henriette : je ne vous cache point que, quelqu'attachement que j'aie pour vous, je ne pourrais rien pour lord Herefort s'il ne consent pas au mariage de sa fille avec Edgard ; je ne puis faire suspendre toutes poursuites contre lui qu'à cette condition. — Ah ! madame, que me dites-vous ! il faut donc que je renonce à toute espérance : je connais l'inflexibilité de George, il a juré de n'unir sa fille à aucun de ceux qui soutiennent les intérêts de votre maison ; ainsi un frère ou un autre serait toujours rose rouge, et par conséquent ennemi du duc d'Yorck. — La vue de l'échafaud change bien les opinions, et tel brave que soit un homme, il recule auprès d'une mort flétrissante, quoiqu'on l'ait vu chercher dans les combats celle qui laisse après elle un nom révéré. — J'en conviens, mais le lord tient à sa parole bien plus qu'à l'existence, car l'honneur est plus que la vie. — Essayez, ma chère amie; ne parlez point d'amour; dites que c'est moi qui exige ce mariage pour qu'il recouvre sa liberté, et je vous assure qu'il y consentira. Allez, ne perdez pas de temps; Sommerset a fait dresser l'acte d'accusation; une fois remis aux juges, je ne serais pas la maîtresse d'en empêcher les suites, et je vous déclare que les charges sont terribles. »

Quand la mère et la fille furent seules, Anna fit sentir à Henriette qu'il était fâcheux que son amour pour Edgard fût connu, et elle lui demanda comment Edgard avait pu en être assuré, sans lui avoir jamais parlé; alors Henriette qui se sentait coupable, et qui avait besoin d'obtenir son pardon, se jeta aux pieds d'Anna; celle-ci effrayée crut que les torts de sa fille étaient de nature à la rendre la plus malheureuse des mères;

mais un aveu sincère des rendez-vous que les grilles préservaient de tous dangers, rassura Anna, et elle pardonna ce qu'elle ne pouvait empêcher.

Cette explication avait fait perdre quelques instans à la comtesse, pour se rendre auprès de son époux; mais elle était nécessaire au cœur de la mère et de la fille, qui se jurèrent réciproquement de ne plus avoir une seule pensée qui n'appartînt à l'une ou à l'autre; car Anna convint aussi qu'elle avait dissimulé avec elle, ayant vu, dès le premier instant, combien elle s'intéressait à Edgard; mais qu'elle avait pensé qu'en ne lui laissant pas voir qu'elle connaissait ses sentimens, ils s'éteindraient comme le feu que l'on recouvre de cendres. « Hélas! dit Henriette, il s'y conserve aussi le plus souvent, et, pour être concentré, il n'en est que plus ardent; mais enfin, ajouta-t-elle, ce qui est bien certain, c'est que tous les biens qu'amour peut offrir ne pourraient remplacer pour moi les épanchemens de l'amour filial, et que quelque prix que je mette aux sentimens d'Edgard, ils ne m'ont rendue vraiment heureuse que du moment où ma tendre mère a bien voulu en recevoir l'aveu; et si jamais le sort me persécute au point de me séparer de lui sans retour, je le sens, il n'y a que sur le sein de ma mère que je pourrais répandre des larmes et supporter la vie. Anna, ravie de retrouver le cœur de sa fille aussi tendre qu'il l'avait toujours été, se trouvait l'être le plus heureux et oubliait tous les sujets de douleur dont elle était menacée. Cependant elle ne dissimula pas à sa fille combien elle craignait que l'inflexibilité de son époux n'empêchât tout accommodement. A ce moment Barkler la vient avertir qu'elle peut se rendre à la Tour, que le comte est prévenu et qu'il l'attend, ainsi que sa fille, avec la plus vive impatience.

Il faut avoir langui dans les prisons

pour savoir ce qu'est, pour un prisonnier, le bonheur de voir ceux qu'il aime; et comme, malheureusement, beaucoup de mes lecteurs ont connu cette existence, et la jouissance infinie de voir ouvrir un instant les barreaux qui les séparent des êtres vivans, pour laisser pénétrer dans les cachots un père, une épouse, une fille, une tendre amie, ils apprécieront tout ce que George ressentit, lorsqu'il vit près de lui et qu'il serra dans ses bras Anna et sa fille. Plusieurs minutes se passèrent sans qu'ils pussent proférer un seul mot. Enfin, la faculté de s'exprimer fut rendue au lord qui, déjà instruit par Barkler de la délivrance de sa femme et de sa fille, les interrogea d'abord sur les intentions qu'elles avaient eues en venant au milieu de leurs ennemis. « Celle, dit Anna, de fléchir la reine. — C'est impossible, elle n'agit que par l'impulsion du ministre. Celui-ci m'a voué une haine d'autant plus implacable qu'elle est injuste, et qu'il me punira des torts qu'il a avec moi. — La reine assure au contraire que lord Sommerset désire vivement un rapprochement, et que si vous consentez.... — A unir ma fille avec l'infâme William! cet homme assez lâche pour tromper indignement deux femmes qui se confient à lui. — Non, la reine a senti la première que William ne pouvait plus prétendre à la main d'Henriette; mais il a un frère. — Je suis loin, reprit le lord que sa fille écoutait avec toute l'attention de son âme, je suis loin de comparer Edgard à son frère; sa figure, ses manières, son esprit, tout le rendrait digne de mon choix; mais il ne m'en reste plus à faire, ma parole est donnée; Stanlay sera l'époux de ma fille. — Mais si lord Stanlay renonce à cet honneur, soit par inconstance, soit par délicatesse. — Le serment auquel un tiers manque, n'autorise pas l'autre à le trahir. D'ailleurs ce n'est pas à Stanlay seulement que j'ai promis, mais au duc d'Yorck, que ma fille serait unie à un défenseur de sa maison. Tant que je vivrai, nulle puissance humaine ne pourra me faire changer. — Cher George, reprit Anna en le serrant contre son cœur, l'intérêt des princes vous est-il donc plus cher que celui de votre famille? vous convenez qu'Edgard a des qualités précieuses : apprenez que c'est à lui que ma fille doit l'honneur et moi la vie, car je n'eusse pas survécu à l'outrage que William lui préparait. C'est Edgard qui, après nous avoir enlevées du camp de William, nous a conduites ici; Edgard enfin qui adore votre fille et qui en est aimé. — Voilà donc le sujet de la résistance que ma fille opposait à mes volontés : vous le saviez, mère faible et trop indulgente; vous le saviez, et vous ne m'en avez pas prévenu. — Non, mon père, ma mère l'ignora long-temps, et lorsque ce fatal secret m'échappa, elle fit tout pour me faire renoncer à mon amour, la reine le sait. — Ainsi, vos amours avec un homme qui ne pouvait être votre époux sont la fable de la cour : retirez-vous, femmes imprudentes; laissez-moi mourir : la mort est mille fois moins affreuse que le malheur de vivre déshonoré! — Mon père, je respecte votre autorité, je ne serai point l'épouse d'Edgard; mais ne cherchez point à m'avilir à mes propres yeux; mon cœur est pur, ma conduite irréprochable; je puis mourir de douleur, mais non de honte. » Herefort sentit qu'il avait été trop loin. Il aimait tendrement sa fille qu'il venait de blesser mortellement, il fallait bien qu'il trouvât quelque moyen de réparation, sans, toutefois, compromettre la dignité paternelle. Il faut toujours, si les supérieurs veulent conserver la considération personnelle, qu'ils ne se mettent jamais dans le cas de faire des excuses à ceux que la nature ou la civilisation a placés au-dessous d'eux.

George avait gardé le silence qu'Anna et Henriette n'avaient nulle envie de rompre. Enfin, au bout de quelques minutes, s'étant donné le temps d'étudier ce qu'il voulait dire, il reprit la parole. « Le ciel m'ayant refusé la douceur de m'accorder un fils, j'aime, Henriette, à trouver en vous cette noble fierté qui a toujours distingué la maison d'Herefort, cette fierté qui repousse avec dignité une accusation injuste; cela me fait espérer que si vous avez un fils il ne démentira pas ceux de sa race. Je vous ai offensée; la colère m'a rendu injuste envers vous; je vous dois une réparation. — O mon père! dit Henriette en se jetant à ses genoux, et couvrant sa main de baisers et de larmes, mon père! vous ne m'en devez pas. — Pardonnez-moi, ma fille, et je vais vous offrir la seule qu'il soit en mon pouvoir de vous donner. Je ne consentirai point à votre mariage avec Edgard, quoique j'aie pour lui beaucoup d'estime et de reconnaissance de vous avoir délivrée du plus imminent péril ; mais ma parole est donnée, et il n'est que la mort qui puisse m'empêcher de la tenir ; et comme il est certain qu'en résistant aux volontés de la reine je mourrai, je vous dispense, après ma mort, de tenir mes engagemens, et je consens même, quand je ne serai plus, à votre union avec Edgard, si Stanlay renonce à votre main ; mais à condition que votre premier né prendra le nom et les armes d'Herefort. — Non, mon père, je ne reçois pas cette généreuse réparation ; les torches de la mort ne seront point les flambeaux d'hymen de votre fille ; et si mon père est victime du parti de Lancastre, quel que soit mon amour pour Edgard, je ne pourrais m'unir à lui !.... — Cruel ! reprit milady, eh ! ne devez-vous donc rien à ma tendresse ? est-il possible que vous m'abandonniez pour je ne sais quel point d'honneur de garder une parole que vous ne pouviez donner ; car, de quel droit condamniez-vous votre fille à épouser un homme qu'elle n'aimait pas ? vos engagemens avec moi ne sont-ils pas plus sacrés ? n'avez-vous pas juré de me rendre heureuse, et vous m'abandonnez ! vous n'avez nulle pitié de mon désespoir ; vous ne pensez seulement pas qu'il me sera impossible de vous survivre ; que des liens qui serrèrent pendant seize ans la plus tendre union, et lorsque nous avions encore tant de jours à compter, ne peuvent se briser sans anéantir mon existence. O ! mon Herefort, aie pitié de moi ; ne détourne pas les yeux ; vois nos pleurs, bientôt je n'en verserai plus, la certitude d'un aussi affreux malheur les tarira. Tu me verras te suivre jusqu'au pied de l'échafaud, y mourir du coup que tu pourrais si facilement détourner. Mais non, barbare ! tu veux nous entraîner avec toi dans la tombe ! — Cesse, chère Anna, de déchirer mon cœur, sans pouvoir faire fléchir mon devoir; j'aime encore à penser que le bonheur de ta fille adoucira tes regrets. — Que parlez-vous de bonheur, ô! mon père, si vous voulez mourir....

Lord Herefort, que cette scène déchirante accable, voit avec une sorte de satisfaction qu'elle est interrompue par les satellites de Sommerset qui viennent le chercher pour être conduit au parlement. Anna le presse contre sa poitrine, sa fille et elle l'entourent de leurs bras, et les voûtes de la prison retentissent de leurs sanglots et de leurs cris. « Laissez-moi, mes amies, leur dit-il avec douceur, n'ajoutez pas à l'horreur de mon sort, en me faisant mourir comme un lâche »; et se débarrassant de leurs bras, il suivit les soldats qui étaient venus le chercher.

Anna, mourante, était tombée presqu'évanouie dans les bras de sa fille, et le geôlier les presse de quitter le cachot où Herefort ne rentrera que pour aller à la mort, si la reine n'arrête pas le fer déjà levé sur sa tête. Henriette engage sa mère à se relever avec courage dans leur cruelle position, de retourner chez la reine et de rester à ses pieds jusqu'à ce qu'elle ait obtenu la grâce de son époux. Anna d'un caractère plus faible que sa fille, était plus facile à abattre; mais le courage d'Henriette lui donne des forces; elle sort avec elle de la prison et elles vont droit au palais. Sommerset y arrivait en même temps qu'elles et allait chez la reine pour lui rendre compte de l'interrogatoire d'Herefort dont la hauteur et les paroles dédaigneuses avaient encore aigri le ministre. « Nous sommes perdues, dit Anna, il vient faire signer la sentence de ton père ! (1) » Et elle ne pouvait plus avancer; ses genoux tremblans se dérobaient sous elle. Henriette

---

(1) En Angleterre, le roi signe tous les arrêts de mort.

la prend dans ses bras et la porte, pour ainsi dire, jusqu'à l'entrée du cabinet de la reine, où sa majesté était enfermée avec le ministre. L'état où était Anna toucha si sensiblement les huissiers de la chambre de sa majesté, qu'un d'eux prit sur lui d'avertir la reine qu'elle était là. Cette princesse, qui défendait contre Sommerset la cause de George, fit entrer aussitôt la comtesse et sa fille. La pâleur effrayante d'Anna, les pleurs qu'elle ne pouvait retenir, firent une grande impression sur la reine, et même, chose inouïe, sur le ministre. Celui-ci, adressant la parole à Anna, lui dit : « Pourquoi, ma cousine, vous livrer à ce désespoir ? ne savez-vous pas que la reine est la bonté même, et que moi, malgré les sujets de plainte personnels que j'ai contre le comte, peut-être contre vous qui avez dédaigné mes hommages, je respecte en lui votre époux, et que je chercherai tous les moyens de le sauver. »

Le ministre, dont les vertus de lady Herefort renouvelaient les regrets qu'elle n'eût pas été sa compagne, sortit ; et malgré ce qu'il venait de dire, il était partagé entre le désir de se venger du lord, ou de donner à Anna une preuve de l'ascendant qu'elle conservait encore sur lui, en sauvant l'époux qui lui est cher.

CHAPITRE XIX.

« Ma chère Anna, calmez-vous, je ne veux point qu'Herefort périsse, je vous en donne ma parole royale, j'ai celle du comte de Sommerset; mais il faut que vous vous prêtiez à mes vues, que je vais vous expliquer : Edgard est ici; il attend, pour se présenter, que vous le lui permettiez. — Oh ! qu'il vienne, dit Anna, que je lui témoigne ma reconnaissance et mes regrets. » La reine fit appeler le comte Wilz : que l'on se figure l'embarras d'Henriette, pour dissimuler la joie qu'elle ressentait en voyant son libérateur. Celui-ci ne crut pas devoir la cacher aux yeux même d'Anna, à qui il demanda la main de miss Herefort comme le prix du service qu'il avait rendu à la mère et à la fille, et dont milady le remercia dans les termes les plus affectueux ; mais elle ne put répondre de même à l'honneur qu'il faisait à Henriette, puisque George ne voulait pas donner son consentement : non, ajouta-t-elle, qu'il ne vous rende, milord, toute la justice que vous méritez. Alors elle entra, devant la reine et Edgard, dans tout le détail de son entretien avec George ; elle ne leur laissa pas même ignorer ce que ce malheureux père avait dit à sa fille, et le consentement qu'il lui donnait, s'il venait à mourir, d'épouser Edgard. La reine, après avoir entendu, avec une grande attention, tout ce qu'Anna lui disait, répondit ainsi : « Lord Herefort donne à sa fille son consentement pour épouser Edgard, s'il a cessé de vivre ; il n'y a aucun doute qu'il périra, si Henriette n'est pas unie à un Wilz ; ainsi donc, vous pouvez le regarder comme mort et épouser votre amant : je me charge, en rendant la liberté à George, de lui faire sentir que vous n'avez pas eu d'autre moyen de lui conserver la vie. — Votre majesté ne connaît pas l'inflexibilité de George, reprit Anna, il ferait déclarer le mariage nul, se battrait avec Edgard, et nous accablerait, ma fille et moi, de tout le poids de sa colère. — Eh bien ! dit la reine, que leurs nœuds soient sacrés, mais secrets, jusqu'à l'instant où, à force de bienfaits, j'aurai contraint le comte à se réunir sincèrement au parti de la couronne; alors je lui révélerai ce mystère.» Edgard trouva que c'était de tous les partis le plus raisonnable, et il y avait une raison qu'il n'avouait pas, c'est que, de cette manière, il ne se trouvait pas en opposition directe avec son frère.

Anna demanda quelques jours pour réfléchir. Henriette assura que son père n'ayant point marqué d'opposition formelle à son mariage avec Edgard, si la reine et sa mère le trouvaient convenable, qu'elle avait trop de reconnaissance envers Edgard pour y mettre aucun empêchement. Le comte Wilz demanda qu'il lui fût permis de sceller par un baiser un engagement si doux. Anna le refusait ; mais la reine prit Henriette par la main, et la présentant à son futur époux : c'est bien le moins, dit-elle, pour ce qu'il a fait pour vous. Henriette n'osait encore accorder cette faveur, tant que sa mère semblait s'y opposer ; mais lady, vaincue par sa tendresse pour sa fille, laissa celle-ci lire dans ses regards la permission qu'elle réclamait auprès d'elle par les siens. L'heureux Edgard connut alors le souverain bonheur ; mais ses lèvres effleurèrent à peine la joue de son amante ; son respect pour l'idole de son cœur surpasse encore son amour. O pudeur ! charme du sentiment que le ciel donna à l'homme pour le distinguer de la brute et le rapprocher des esprits célestes, quel prix tu ajoutes à la première faveur ! Edgard, goûte les momens de félicité que le ciel te prépare : hélas ! ils seront aussi rapides que l'éclair. La reine engagea Anna à ne pas différer sa réponse, et lui donna la liberté de se retirer avec sa fille ; mais elle garda près d'elle Edgard qu'elle voulait entretenir relativement à William.

Tandis que cette princesse prend avec le lord les précautions nécessaires pour empêcher que son frère ne trouble leurs projets, retournons à Birmingham et sachons ce qui s'y passait.

Peu d'heures après le départ d'Edgard, les lords Stanlay et Howard, sachant par un espion que c'était au lever du soleil que William devait livrer l'assaut, et ne se doutant pas que celui-ci était prisonnier, résolurent de profiter pour eux et leurs gens, de la permission que lady leur avait donnée de se retirer ; pensant que même c'était un moyen d'éviter le pillage du château, puisque l'on pouvait répondre quand on viendrait pour poser les échelles, qu'il n'y avait plus de troupes dans le fort, et qu'il ne restait dans toute l'enceinte du château que les domestiques du comte et de la comtesse, qui baisseraient le pont si on leur promettait de respecter les propriétés de leurs maîtres. C'était sir Jacques qui devait faire cette réponse, que lord Stanlay lui dicta. Au moment de quitter Birmingham, les lords assemblèrent les chasseurs d'Halifax et leur dirent: «Messieurs, nous avions l'espérance de conserver cette habitation au comte, mais l'imprudence qu'il a faite en s'approchant des lignes lui a fait perdre la liberté ainsi qu'à ceux des nôtres, qui avaient échappé au fer de l'ennemi; nous avons perdu plus de cent de nos compagnons: si nous nous obstinons à rester dans ces murs, nous serons forcés de nous rendre à discrétion; et la captivité ou la mort nous attendent, sans aucun avantage pour le comte Herefort. Profitons donc du seul instant qui nous reste pour nous retirer à Halifax, dont la situation et la nombreuse garnison nous présentent un asile imprenable ; nous ne trahissons point les desseins de milady, c'est elle-même qui m'a indiqué de quelle manière nous pouvons quitter cette forteresse, suivez-moi. » Tous consentirent à suivre cette résolution, et furent fort surpris lorsque Jacques qui les guidait les fit entrer dans la chapelle abandonnée où, comme on sait, la trappe était restée ouverte. Le majordome ne revoyait pas sans effroi l'ouverture des souterrains ; il savait que c'était là que reposaient les seigneurs de Birmingham, et il se souvenait du fracas épouvantable qu'il avait entendu, et la frayeur extrême qu'il en avait ressentie était telle, qu'il avait fait le sacrifice de sa bourse qu'il regrettait au fond du cœur.

Cependant comme il se flatte que les lords recompenseront son zèle, il se hasarde de guider leur entrée dans l'asile de la mort. Il porte une torche allumée et descend devant les lords Stanlay et Howard, suivis d'environ cent quatre-vingts chasseurs d'Halifax. L'escalier à moitié ruiné tremble sous le poids d'un aussi grand nombre. Jacques l'entend craquer, et croit à chaque instant qu'il va être enseveli sous ses ruines et sous cette troupe, qui, perdant pied tout à coup, roulerait sur lui et terminerait sa vie. « Oh! pourquoi madame la comtesse leur a-t-elle révélé ce dangereux passage, pourquoi ai-je voulu descendre avec eux: mais il le fallait bien pour qu'ils me donnassent ce qui me revient de droit, et il faut pour cela que les aie mis dehors. Allons, pauvre Jacques, prie celui de Compostelle, pour qu'il te tire de là. » Et en effet il était arrivé sans encombre aux dernières marches, ainsi que la plupart de ceux qui suivaient les lords, quand tout à coup les marches du haut de l'escalier près de la trappe, tombèrent sur les autres qu'elles brisèrent, couvrant tout ce qui était encore au bas des dégrés d'éclats de pierre, de terre, de poussière si épaisse, qu'elle éteignît le flambeau, de sorte que les lords, leurs compagnons et le pauvre majordome, se trouvèrent dans la plus profonde obscurité au milieu des débris et d'un éboulement de terre, qui pouvait faire craindre que la voûte ne fléchît à son tour. «O mon dieu, mon dieu, criait Jacques, malheur à qui trouble le repos des trépassés, il s'en repent toujours; qu'allons-nous devenir? je ne sais, je crois que je suis blessé. — Si vous n'en êtes pas sûr, reprit Stanlay, il est à présumer que la contusion que vous avez reçue n'est pas dangereuse. — Pour moi, disait un autre, à la douleur que je ressens, il n'y a aucun doute que j'ai la jambe cassée. — Moi, le bras. — Moi, l'épaule. Ah! qu'allons-nous devenir? — Mes amis, reprit Stanlay, c'est un fort grand malheur, mais enfin il faut tâcher de nous en retirer ; il y a sûrement une porte à ce caveau, car ils n'avaient pas eu le temps de voir l'ouverture que Cramps avait faite pour sortir avec son maître. Je le présume, dit Jacques, madame la comtesse apparemment le sait puisqu'elle vous a dit, milord, que vous pouviez sortir par-là : nous serions bien à plaindre si nous ne trouvions pas une issue de ce côté ; car il ne nous reste nulle espérance de remonter par où nous sommes descendus. » Lord Stanlay tâte le long du mur, se heurte contre les tombeaux, sent enfin une ouverture qui lui paraît si irrégulière, qu'elle ne lui semble pas être une porte : mais où conduit elle ? est-ce à un embranchement des souterrains ; sans lumière, ce passage ne peut-il pas les conduire à leur perte ; qui sait s'il n'y a pas derrière de ces flaques d'eau qui se trouvent dans les mines et dans les carrières, qui quelquefois sont des fontaines dont on ne trouve pas le fond, ou bien des précipices que le temps peut avoir creusés. Cependant comme avec la plus exacte recherche, il ne voit pas d'autre moyen de sortir, il propose à son frère d'armes et aux chasseurs de franchir cette ouverture, au risque de périr en sortant du caveau ; mais comme il est certain qu'il périront dedans, il faut de deux maux choisir celui qui paraît le moins redoutable. Lord Stanlay sort le premier et a beaucoup de peine à se mettre d'aplomb ; car les morceaux de marbre que Cramps a brisés et qui sont restés amoncelés sur le terrain, ne rendent pas le passage facile. Cependant après quelques pas, il lui paraît que le sol est sec et solide, tous passent, et Jacques un des premiers ; car il n'aime pas le voisinage des seigneurs de Birmingham, dont cependant il commence à présumer que c'est à tort qu'il les a accusés de s'être levés de leurs tombes pour lui faire peur, et il soupçonne que c'est en faisant cette ouverture irrégulière que Cramps a fait retentir les voûtes sous les coups du lourd marteau qui a brisé le marbre; alors il eut moins peur; mais aussi quel regret d'avoir rejeté la bourse! encore s'il avait de la lumière il l'aurait peut-être retrouvée; mais hélas, les ténèbres et l'éboulement lui ôtent tout espoir de reconquérir ce cher trésor. Il suit donc silencieusement les lords qui ne rencontrent aucun obstacle et parcourent assez rapidement la longueur des souterrains dont ils espèrent atteindre bientôt la sortie, car ils sentent l'air balsamique qui vient de la forêt, et en effet ils apperçoivent bientôt le jour qui commençait à paraître.

Jacques qui ne se soucie en aucune sorte de repasser les souterrains, et qui d'ailleurs pense qu'il ne pourra remonter dans le château puisque les dégrés étaient détruits, demanda au lord Stanlay de le suivre à Halifax, ce que le lord lui accorda bien volontiers. — Je le désire d'autant plus, dit-il, que je serai plus à même, rendu chez moi, de vous témoigner ma reconnaissance, du service que vous m'avez rendu, car j'ai peu d'or sur moi, n'étant parti d'Halifax que dans l'intention de passer au plus, quinze à vingt jours à Birmingham. Jacques fut très-content quand il entendit le lord parler de le récompenser, il ne se repentit plus de l'avoir accompagné.

Il n'en était pas de même de beaucoup de la troupe, qui réellement avaient été grièvement blessés. — « Quelle triste idée avons-nous eue de venir à Birmingham ; voilà près de trois mois que nous sommes éloignés de nos habitations; nous avons éprouvé la fatigue, les dangers que courent les assiégés, et pour comble de maux, au moment où nous allons regagner nos foyers, nous pensons périr, être engloutis sous terre; et nous n'y échappons que blessés, la plupart d'une manière fâcheuse. O! maudite chasse, nous t'abjurons pour jamais. Habitans des forêts, ne craignez plus les chasseurs d'Halifax. » Tinrent-ils ce serment, j'ai peine à le croire, on ne se guérit pas si promptement d'une passion; et qui ne sait que la chasse est une de celles qui obsèdent les pauvres humains?

Les lords Stanlay et Howard, qui avaient passé d'une manière fort agréable leur temps à Birmingham et qui n'étaient point blessés, ne trouvaient pas un si grand malheur d'avoir été quelque temps dans cette belle habitation; et peu tourmenté par son amour, Stanlay se flattait ou qu'il vaincrait la résistance d'Henriette, ou qu'il parviendrait à se vaincre lui-même. Comme il en parlait ainsi à Howard, ils entendirent derrière eux le bruit d'une troupe de cavaliers qui les rejoignait au grand trot. Les lords et leurs gens se crurent perdus. Ils pensaient que c'était William qui avait tourné les fortifications du château, lesquelles s'étendaient au-dessus des souterrains, et qu'il cherchait un endroit faible pour pénétrer dans la citadelle pendant qu'une fausse attaque occuperait les assiégés d'un autre côté. Ils jugeaient que cette troupe était au moins composée de 2000 à 2500 hommes. Que faire contre un si grand nombre ? il fallait nécessairement capituler ; mais leur en donnera-t-on le tems?

Tandis que ces craintes occupent leur esprit, le brouillard qui s'était élevé au moment où le soleil avait paru sur l'horison commençait à se dissiper, et ils virent clairement l'enseigne de la ville d'Herefort, dont les soldats portaient les couleurs ; et enfin ils distinguèrent Barkler à la tête de cette troupe. Ils allèrent droit à lui en criant : Vive Yorck et Herefort. Barkler assez embarrassé en reconnaissant les lords qu'il n'avait pas vus depuis le tems qu'il avait quitté les drapeaux de la rose blanche, pensa toutefois qu'il n'avait besoin que de leur dire que, secondé des braves habitans d'Herefort, il avait préservé milady et sa fille d'un grand danger; qu'il leur ferait part de ces circonstances, s'ils voulaient l'accompagner jusqu'à Herefort où il fallait qu'il ramenât sa troupe; qu'ils donneraient à leurs gens le tems de gagner Halifax et qu'ils les y rejoindraient. Les lords y consentirent se croyant avec un des leurs. Erreur qui avec un homme moins loyal que le baronnet, aurait pu leur, leur être funeste, mais John est incapable d'abuser de la confiance d'un ennemi, à plus forte raison de celle de ses anciens frères d'armes.

Il leur raconta en route l'attentat de William; qu'en ayant été instruit, il était venu chercher du secours à Herefort, et étant tombé à l'improviste sur le camp de William, il l'avait surpris au milieu de la nuit, l'avait fait prisonnier, enlevé milady et sa fille, qui avait demandé à être conduite à Londres, où on avait aussi mené William, qui était maintenant à la tour. « Ce que vous me dites me surprend infiniment, pourquoi puisque vous vous étiez emparé de William, ne l'avez-vous pas gardé et amené soit à Birmingham, soit dans les prisons d'Herefort ? — Je ne puis vous en expliquer les raisons, mais ce qu'il y a de certain, c'est que la paix sera bientôt conclue et lord Herefort remis en liberté. — Et que devient Henriette ? — Elle est avec sa mère dans le palais de la reine. — Et quel prix met-on à la liberté du lord ? — Je l'ignore ; n'ayant pas été à Londres, je n'ai su ces dernières particularités que par un courrier que j'ai rencontré portant l'ordre aux officiers qui sont restés dans le camp, de suspendre toute hostilité contre le château. — Il n'y a aucun doute que William obtiendra la main d'Henriette. — Non, il ne l'épousera pas ; la reine a été indignée de sa conduite : heureux s'il conserve la vie, et plus encore, s'il recouvre la liberté. — Tout ce que vous nous dites, reprirent les lords, tient du prodige. »

Arrivés aux portes d'Herefort, John Barkler dit aux lords : « Je ne vous engage pas à entrer dans la ville; un jour vous m'en remercierez, et vous direz : sous quelque drapeau que serve Barkler, il est toujours ennemi de la trahison. » Et piquant son cheval, il le mit au grand galop. La troupe le suivit et rentra dans la ville en criant : vive Lancastre! vive la Rose rouge!

Les lords Stanlay et Howard, étourdis de ce qu'ils venaient d'entendre et de voir, croient qu'un songe les abuse, et effrayés du péril qu'ils ont courus, ils se hâtent de s'éloigner des remparts de la ville, et rejoignent, de toute la vitesse des jambes de leurs chevaux, leur troupe qui suivait le chemin d'Halifax, où ils arrivèrent sans que personne cherchât à les inquiéter dans leur marche.

Jacques apprit avec bien de l'étonnement ce que les lords lui racontèrent des événemens qui s'étaient passés depuis trente-six heures. Il eut bien de la joie de savoir ses bonnes maîtresses auprès de la reine, et d'espérer revoir son maître; mais surtout il éprouvait une félicité sans pareille en pensant qu'on ne livrerait point l'assaut dont le château était menacé, et que, par conséquent, on ne le pillerait pas ; ce qu'il aurait regardé comme un grand malheur, à cause des richesses qu'il contenait, mais surtout pour son cher trésor, objet de ses plus vives affections, que depuis quarante ans il augmentait sans cesse, et auquel il avait joint la bague. « Je le reverrai, disait-il, et j'y joindrai l'or que ces généreux seigneurs m'ont promis; peut-être aussi lord Edgard, touché du malheur que j'ai eu de perdre la bourse qu'il m'avait donnée, m'en dédommagera. Allons, Jacques, prends courage, tu n'es pas encore ruiné, mon pauvre garçon. » Et le majordome se mêlant fort peu des partis qui déchiraient l'Angleterre, disait comme beaucoup d'*honnêtes gens* qui, dans les temps de troubles ne s'embarrassent guères de rien, pourvu qu'aux dépens des uns et des autres, ils trouvent le moyen d'amasser de l'or et de s'engraisser de la misère publique.

Mais tandis que notre avare ne pense qu'au bonheur de revoir sa cassette, les lords Stanlay et Howard ne peuvent comprendre comment John s'est séparé d'eux, et comment la reine rend la liberté à Herefort sans exiger qu'il donne sa fille à William. « Est-ce à John Barkler que serait accordée cette fille charmante? il n'en a jamais été question, et Barkler, simple baronnet, peut-il obtenir la main de la plus riche héritière des trois royaumes? mais il l'a délivrée du plus horrible danger. Oh! que n'ai-je pu en être instruit, j'aurais exposé mille fois ma vie pour la sauver ; non, je suis le plus malheureux des hommes! je n'ai pu lui plaire. Sa mère hait notre parti; Herefort est prisonnier; je devais bien m'attendre au malheur qui me menace. » Howard le rassura, prétendit que de tout cela, il n'y avait peut-être rien de vrai que la défection de Barkler; et il envoya à Londres un homme dont il connaissait toute l'adresse, pour s'informer de ce qui se passait; et craignant une surprise, il engagea Stanlay à mettre son château en état de défense, et à y attendre le retour de leur espion.

CHAPITRE XX.

Nous avons laissé Edgard seul avec la reine : cette princesse l'engagea à aller trouver Barkler, pour que celui-ci vît Herefort, afin de lui faire envisager sa position, et lui dire qu'il ne tient qu'à lui d'être libre et heureux. « Puis, vous verrez William, ajoutait-elle, afin de le déterminer à renoncer à toute prétention sur la main d'Henriette, en lui faisant entendre que c'est la seule manière de sauver sa tête. S'il signe cette renonciation, il sortira de la Tour, mais je lui ferai expédier un ordre de se rendre sur-le-champ à Calais, d'où il ne reviendra en Angleterre que lorsque le roi le lui permettra. Ainsi nous nous délivrerons de son humeur inquiète, et il se consolera avec quelque jolie française, de la perte de miss Herefort. »

Edgard qui connaissait mieux que Marguerite les effets d'une passion violente, ne supposait pas que William se détachât si promptement de celle qu'il aimait; mais il ne pouvait qu'être reconnaissant de ce que sa majesté voulait bien faire pour assurer sa tranquillité, et empêcher que son frère ne pût découvrir la cause de son exil. Il prit donc congé de la reine, et chercha John qu'il croyait bien être revenu à Londres. En effet, il le trouva dès le soir, et en attendant l'heure où il pourrait voir lady Herefort, le baronnet lui rendit compte de la manière dont il s'était conduit avec Stanlay. La mère et la fille étaient retournées à la Tour, pour voir George, et tâcher de l'amener à se plier, au moins en partie, aux volontés de la reine.

Edgard s'acquitta de la commission que la reine lui avait donnée. « Je ne puis voir mon frère, disait-il à Barkler, le moindre mot pourrait me trahir; s'il vous demande pourquoi je ne suis pas venu le voir à la Tour, vous lui direz que la reine m'a donné le commandement des troupes qui étaient sous ses ordres, et que je n'ai pu quitter les environs d'Herefort. Tâchez, cher John, de lui persuader qu'il n'a pas d'autre moyen, pour sauver sa vie, que de se conformer aux volontés de la reine. » John lui promit de suivre exactement ses instructions. Pendant que cet ami zélé cherchait à concilier des intérêts si opposés, voyons ce qui se passait au château de Birmingham : je me rappelle que je n'ai point instruit mes lecteurs des évènemens qui eurent lieu après la défaite de William.

On sait que l'on s'attendait à l'assaut pour le lendemain : quel fut l'étonnement des domestiques du comte, lorsqu'au lever du soleil, ils ne virent plus de sentinelles sur les tours, et qu'ils s'aperçurent que toute la garnison, les lords Howard et Stanlay étaient partis, et que même sir Jacques avait disparu. Ils furent saisis de frayeur en pensant que si l'ennemi s'approchait, ils n'auraient aucun moyen de défense ; mais lorsqu'au lieu des bravades que les assiégeans ne manquaient pas de venir faire chaque jour à la portée du trait, ils ne virent pas le moindre mouvement autour de la place, ils ne savaient que penser ; car le camp n'était pas levé, et on ne leur avait pas fait signifier d'armistice. La journée s'étant passée tranquillement, ils commencèrent à se rassurer; mais ils ne pouvaient concevoir par où la garnison était sortie de la place; car on avait refermé la trappe en descendant dans la chapelle mortuaire, et comme personne dans la maison ne connaissait ce passage, les domestiques croyaient qu'ils avaient franchi le Tam à la nage, ou que le spectre les avait emportés tous les uns après les autres, et ils craignaient d'avoir le même sort. Ils étaient dans cette inquiétude, quand enfin Anna s'étant souvenue de l'embarras où ses gens devaient être, elle envoya son écuyer, avec un passe-port de la reine, pour leur dire qu'ils n'avaient autre chose à faire que de se tenir tranquilles, que la paix serait bientôt signée, et qu'elle reviendrait incessamment avec son époux et sa fille. Comme l'écuyer partait, il rencontra sir Jacques qui était venu d'Halifax pour chercher un moyen de rentrer dans le château, sans danger, ne pouvant résister aux tourmens que lui causaient les intérêts de ses maîtres et sa chère cassette. L'envoyé d'Anna attendit que le majordome eût vu la comtesse à qui il raconta ses funestes aventures, dont Anna, dans toute autre circonstance, n'aurait pu s'empêcher de rire. Elle ne le retint que le temps d'avoir un passe-port, et elle l'envoya promptement à Birmingham, où elle ne doutait pas qu'il ne régnât l'anarchie la plus complète, n'y ayant ni maîtres, ni majordome.

Edgard qui se trouvait chez lady au moment où Jacques allait en sortir, lui dit : « J'ai une restitution à vous faire de la part des seigneurs de Birmingham ; voilà la bourse que vous leur avez jetée avec peu de révérence. — Moi, monseigneur, est-il vrai, est-ce bien celle-là ? oui, je la reconnais. » Et il la prit avec une joie qui éclaircit pour un instant, sa physionomie morose. « J'ai aussi, dit Edgard, avec la permission de milady, un service à vous demander. » Alors Wilz raconta le vœu qu'il avait fait, s'il sortait sans danger des souterrains, de faire réparer la chapelle, et d'y entretenir un ministre qui prierait pour le repos des chevaliers de l'illustre maison d'Herefort. « J'y consens, dit la comtesse, pourvu qu'excepté sir Jacques, il paraisse que ce soit par mes ordres que l'on fait cette réparation, ainsi que celle des degrés qui descendent dans le caveau ; il faut aussi mettre une porte à la place du marbre qui a été brisé. » Tout cela convenu, le majordome partit, avec l'écuyer, pour Birmingham, comblé de joie d'avoir retrouvé sa bourse, et espérant faire encore un gain fort honnête sur les travaux que nécessiteraient les réparations de la chapelle abandonnée.

Quand il fut parti, Edgard dit à madame d'Herefort « qu'il attendrait chez elle, si elle le voulait bien, John Barkler qui avait dû voir George. — Je n'ai pas moins d'empressement que vous, mon cher Edgard, de savoir si le comte s'est laissé fléchir; mais j'avoue que je ne m'en flatte pas. » Barkler entra à l'instant. « Je n'ai pu rien gagner, dit-il, je n'ai jamais vu d'homme aussi fier et aussi résigné à son sort : Ce sera, m'a-t-il dit, une injustice de plus de la maison de Lancastre; elle ajoute ainsi au poids de ses iniquités dont le ciel tirera vengeance. Il m'a reproché, avec beaucoup de hauteur, ma désertion : hélas! il l'eût fait avec bien plus d'amertume, s'il en connaissait le véritable motif. Anna feignit de ne pas l'entendre, et il continua : Cependant, je ne puis, sans trahir la vérité, ne pas rendre justice à ses sentimens pour lady et son aimable fille; il persiste à permettre qu'Henriette soit unie à Edgard, quand il aura, dit-il, porté sa tête sur l'échafaud. C'est à vous, madame, à le sauver, puisqu'il s'obstine à périr. — Ah ! dit Edgard en prenant la main d'Henriette, et tombant ensemble aux genoux d'Anna; oui, dit miss Herefort, formez des nœuds que mon père ne désapprouve pas, et qu'ils servent à rendre à milord, la vie et la liberté ; le temps leur donnera toute la solennité qui leur sera due, ajouta Edgard. — Que me demandez-vous, mes enfans, dit Anna en les serrant tous deux dans ses bras; songez que votre père ne me pardonnera jamais d'avoir agi sans sa volonté; d'ailleurs, comment lui faire croire que la reine s'est tout à coup relâchée de ses prétentions sur les grands biens qui reviennent à ma fille, et qu'elle nous en laissera disposer à notre gré. — Il faut, dit Barkler, amener William à se désister de toutes prétentions sur la main d'Henriette; ce ne sera pas, je crois, fort facile; je n'ai pu encore le voir, il dit qu'il est malade; mais j'y retournerai avec un ordre du ministre, pour me faire ouvrir son cachot, il faudra bien qu'il m'entende; mais cela ne suffit pas, il faut aussi que Stanlay renonce à son union avec miss. — Celui-là, dit lady, sera plus facile à amener à des sentimens raisonnables; j'engagerai la reine à lui offrir un grade important dans l'armée : il n'est pas sans ambition, et si Howard ne l'en détourne pas, il serait possible qu'il consentît à se réunir de bonne foi à la cour; mais au moins est-il certain que, pour sauver le lord, il renoncera au bonheur d'être son gendre.»

Anna laissa à John le soin de cette importante négociation, et se rendit chez la reine avec sa fille; elle déclara à sa majesté qu'elle était décidée à se conformer à ses ordres, s'il était possible de dérober entièrement à George cette téméraire démarche. La reine l'embrassa avec la plus vive tendresse, et elle détacha de son bras un superbe bracelet avec son portrait, qu'elle donnait, dit-elle, à la comtesse Wilz.

Henriette n'osait se livrer à la joie que lui causait son union avec Edgard : il semblait qu'un douloureux pressentiment l'avertissait que c'était en vain qu'elle espérait être heureuse; qu'il y avait dans cette conduite une fausseté envers le lord, qui, quelque bon motif qu'elle eût, était toujours un très-grand tort; que c'était se méfier de la Providence que de croire qu'on ne peut se tirer d'une position dangereuse qu'en faisant une action condamnable en elle-même, telle que celle de mentir et de se marier sans le consentement formel de son père, fautes qui sont plus graves qu'on ne pense. Elle avait été la première, il est vrai, à presser sa mère de former ces liens, et pour se déguiser à elle-même le motif de ces désirs, elle s'était persuadée que c'était pour arracher son père au pouvoir de ses ennemis, qu'elle consentait à épouser secrètement Edgard; mais en descendant plus profondément dans son cœur, elle y vit un amour insensé qui la conduisait malgré elle dans un abîme dont elle ne connaissait pas la profondeur.

Cette triste découverte empoisonnait tout ce que ces momens devaient avoir de charmes. Elle tomba dans une rêverie profonde; la reine lui en fit le reproche; « Quoi! Henriette, vous paraissez triste, préoccupée; me serais-je trompée, et ne partageriez-vous pas l'amour que vous inspirez? — Puis-je, madame, me livrer aux impressions de ce sentiment, tant que les fers de mon père ne sont pas rompus; tant qu'une négociation, peut-être impossible à terminer, peut empêcher qu'ils ne le soient. D'ailleurs, puis-je ne pas penser que mon père n'assistera pas à la bénédiction de mon mariage, qu'il n'appellera pas sur ma tête celle du ciel, et que, s'il apprend un jour mon union avec Edgard, il la maudira : ah! malgré les bontés de votre majesté, la tendresse de ma mère et l'amour d'Edgard, je suis loin d'être heureuse! — Mon enfant, l'homme ne l'est jamais sur la terre; tout l'art de supporter la vie consiste à diminuer dans son imagination les maux qui en sont inséparables, et à ajouter à ses jouissances; pensez que vous sauvez la vie à votre père, que vous le rendez à sa compagne chérie, que vous comblez de félicité un brave et beau chevalier qui vous adore, et vous verrez que tout cela vaudrait bien de votre part quelque reconnaissance envers la divinité ; songez que les rois sont ses lieutenans sur la terre, et que c'est en son nom que je vous unis à votre amant. » Henriette répondit avec la plus respectueuse reconnaissance, et dans ce moment, suivant le conseil de la reine, elle s'étourdit sur tout ce qu'elle avait à craindre, et se livra à tout ce qui pouvait flatter le cœur sensible d'une jeune fille qui n'avait pas encore quinze ans, et qui aimait celui dont elle était adorée ; aussi son charmant visage prit une expression de contentement qui la rendit encore cent fois plus belle.

L'heureux Edgard entra à cet instant chez la reine qui l'avait fait avertir, et reçut Henriette des mains de sa majesté. « C'est le plus beau présent que je puisse vous faire, dit-elle, et je me flatte que vous en sentirez toujours le prix. » Edgard, au comble du bonheur, avait besoin d'être contenu par le respect que lui inspirait la reine, pour ne pas se livrer à ses transports; mais il exprima son amour en termes si tendres, que cette princesse et Anna en furent touchées au fond du cœur; pour Henriette, elle commençait à se livrer à son bonheur.

Edgard s'était emparé de toutes les facultés de son âme, et lui être unie lui paraissait une félicité au-dessus de celle promise à l'homme sur cette terre d'exil. Aussi, revenue dans l'hôtellerie où elles étaient descendues, elle disait à sa fidelle Roberson : « Non, je ne puis croire que je passerai ma vie avec mon cher Edgard; il me semble que je sens au-dedans de moi un sentiment douloureux qui m'avertit que ma joie sera de courte durée : s'il périssait dans les combats, ou si son frère, poussé par une noire jalousie, d'une main barbare!..... A cette image funeste, le froid de la mort glace mes veines; pauvre Edgard! je serai cause de ta perte; il eût été bien plus heureux pour toi de ne m'avoir jamais rencontrée. — Comment, disait la nourrice, peut-on ainsi empoisonner le sort le plus fortuné, par de vaines terreurs; heureusement, tous les braves ne périssent pas dans les combats, et on voit encore moins de frères imiter, dans ses fureurs, le premier meurtrier. Jouissez donc en paix de la certitude d'être à votre amant; car, à présent, il n'y a plus de doute que les nœuds les plus sacrés vous uniront. Cramps m'a promis qu'au même autel il me jurera un amour éternel, et nous unirons nos efforts pour vous prouver, ainsi qu'à milord, notre zèle et notre attachement. » Et la nourrice parlait avec tant de plaisir de ces noces, qu'elle finit par éloigner de la pensée d'Henriette ses cruels et trop vrais pressentimens. Depuis ce moment, elle parut gaie et heureuse; la reine en était charmée, et elle assurait Anna qu'elle ne tarderait pas à s'emparer tellement de l'esprit d'Herefort, qu'elle lui persuaderait qu'il doit reconnaître un hymen formé dans la seule volonté de lui sauver la vie. Mais ni Anna, ni Edgard ne désiraient que le mariage fût public, parce qu'ils redoutaient, l'une, un époux, l'autre, un frère, et peut-être Henriette, au fond du cœur, ne le désirait pas non plus, parce qu'elle trouvait, dans cette mystérieuse union, l'avantage de ne pas être séparée de sa mère, qu'elle aimait presqu'à l'égal d'Edgard.

CHAPITRE XXI.

Barkler avait enfin pu pénétrer jusqu'à William, qu'il trouva dans une sorte d'aliénation d'esprit. Ce n'était plus les éclats de la fureur, mais une profonde et morne tristesse. « Que me voulez-vous, lui dit-il, que me veut la reine ? a-t-elle décidé que je dois mourir, lorsque je n'ai commis d'autre crime que de me conformer à sa volonté, en forçant Anna à me donner sa fille, que sa majesté voulait alors que j'épousasse ? mais elle a changé d'idée, et je suis devenu coupable à ses yeux. — Vous ne pouvez douter, mon cher William, que vous avez élevé une barrière insurmontable entre vous et la maison d'Herefort qui sollicite votre jugement, et vous ne doutez pas que l'arrêt ne peut être que celui de mort; car on ne peut considérer votre action que comme un rapt (1). — Je le sais ; mais que m'importe la vie, dès qu'Henriette me hait ? Je préfère surtout la mort à l'ennui de ce séjour. Je ne demande donc rien au ministre, qui me doit la vie, la liberté, et les grandeurs dont il jouit, que de me faire juger et condamner le plutôt possible. — On vous offre bien mieux, reprit Barkler, la vie et la liberté. — La liberté ! reprit William avec vivacité, la liberté ! — Oui, si vous voulez signer la renonciation que voici. — Donnez, dit William ; il la parcourut, et après être resté plusieurs minutes sans répondre, il dit : Je la signerai sous le vestibule de la prison, elle en aura plus de force, car alors je serai censé libre. » Barkler lui dit qu'il allait rendre compte de sa soumission à la reine ; et il retourna au palais. L'ordre

---

(1) Enlèvement par violence d'une jeune personne.

fut donné pour l'élargissement de lord William Wilz : il se félicitait de quitter les sombres murs de la Tour ; mais il fut surpris que ce ne fût point Barkler qui vint lui ouvrir les portes. Arrivé hors du guichet, on lui présenta le même papier qu'il avait lu peu d'instans avant, il le parcourut de nouveau et le signa, et comme il franchissait le dernier guichet, un constable lui signifia l'ordre de se rendre à bord du Vengeur, faisant voile pour Calais, où le roi l'exilait pour trois ans. Tout ce que la rage peut faire vomir d'injures il se les permit contre le ministre, et ne ménagea pas beaucoup plus ses expressions envers la reine, et jura qu'il se vengerait de Barkler qui l'avait trompé ; quand, tout à coup, il s'arrêta, et dit à l'homme de justice : « Je pars, on le veut ; mais, malheur à ceux qui m'y forcent ! » Et se rendant au port, il entra dans la chaloupe et monta sur le vaisseau qui était à l'instant de lever l'ancre, sans proférer le nom d'Henriette, ni celui d'Edgard. Nous le laisserons suivre la route de sa destination, en faisant des vœux pour qu'il ne trouve pas le moyen de revenir en Angleterre y troubler le bonheur de son frère et de celle qui va bientôt lui être unie. On se félicita à la cour d'être parvenu à éloigner un homme d'un sang si bouillant et d'une humeur si farouche.

Il n'y avait plus que le désistement d'Albert à se procurer, pour qu'en le réunissant à la renonciation de William, on pût enfin obtenir de George la promesse de ne point marier sa fille à aucun partisan de la maison d'Yorck. Le plus difficile était d'entrer en négociation avec les révoltés d'Halifax. Anna ne voulait pas se compromettre encore une fois; elle proposa seulement d'écrire à Stanlay, de le sommer de la parole qu'il lui avait donnée de sacrifier son amour à la vie du lord; et comme son écuyer était revenu de Birmingham, où il avait tout laissé dans la plus grande tranquillité, elle offrit à la reine de l'envoyer à Halifax, ce que cette princesse approuva. Stanlay ne fit point attendre sa réponse ; elle était très-respectueuse, et remplie des plus tendres regrets, ne pouvant accuser milady de préférer à tout la vie et la liberté de son époux, et il rendait, en termes précis, sa parole à milord Herefort.

Dès qu'Anna eut reçu cette pièce importante, elle en fit part à la reine qui, voulant elle-même négocier avec le comte, le fit amener dans la galerie du palais du roi, qui communiquait à l'appartement de la reine. Quand il y fut entré, Marguerite donna ordre que l'on posât des sentinelles aux portes, et sa majesté s'y rendit avec Anna et sa fille ; celles-ci ne purent contraindre leurs vifs transports, et se jetèrent dans les bras de George. « Je vous les rends, dit la reine ; mais, milord, n'abusez jamais de votre pouvoir, vous verrez que je suis loin d'user du mien. Henriette haïssait William, et la conduite de ce dernier a été tellement déloyale, que j'ai exigé qu'il renonçât formellement à ses prétentions à la main d'Henriette, et en voilà la preuve ; de plus, il est exilé pour trois ans sur le continent : lisez aussi ce papier. — Quoi ! Stanlay me rend ma parole ; mais qu'en conclure ? — Que votre fille ayant déclaré qu'elle n'aimait ni l'un ni l'autre, elle ne demande d'autre grâce que de passer ses jours avec vous et sa mère ; et moi, j'exige que vous vous engagiez aussi à ne jamais la marier à un des soutiens du parti rebelle; à ce prix, je vous rends la liberté, je fais annuler toute procédure commencée contre vous. Dans quelques jours, vous retournerez à Birmingham, où, désormais, j'irai publiquement, et non point dans ces souterrrains dont la sortie a pensé nous être si funeste.

Lord Herefort ne pouvait refuser la grâce qu'on lui offrait à des conditions si modérées. « Mon Henriette, dit-il, je voudrais faire plus pour ton bonheur; mais je suis lié par un serment que je ne puis rétracter; aussi, je fais, en présence de la reine, celui de ne jamais te contraindre à épouser un autre qu'Edgard que je te permets, je le répète, de nommer ton époux, si la mort me déliait de la foi que j'ai jurée au duc d'Yorck. — Vivre pour vous et mon adorable mère, voilà ce qui fera le bonheur de ma vie! — Quoi! sans regret? — Sans regret. » Le père ne pouvait entendre sa fille, et sa fille savait bien qu'elle n'en aurait jamais, puisqu'elle goûterait à la fois tout ce que l'amour peut offrir de jouissances, et qu'elle aurait la certitude de ne pas se séparer des auteurs de ses jours. Ainsi, elle ne pouvait réellement, à ce qui paraissait, craindre aucun regret. Marguerite, enchantée d'avoir réussi au gré de ses désirs, en mettant Herefort dans l'impossibilité de faire passer ses grands biens à d'autres qu'aux Lancastre, fit expédier sur-le-champ le traité qui finissait tout différend entre le comté d'Herefort et la cour.

Le lord eût bien voulu partir de suite pour Birmingham, mais la reine n'y voulut point consentir, désirant donner un festin dont le lord et sa famille seraient les premiers invités. Lord Sommerset, Barkler devaient s'y trouver, ainsi que les dames et les grands officiers de la cour. Edgard, toujours censé absent, et qui, en effet, partit pour faire lever le camp, ne devait pas être de cette mémorable réunion, où la reine combla de bontés le lord et sa famille; et au moment où on se mit à table, George trouva sous son couvert, sa nomination à la charge de grand amiral. Cette faveur lui fut d'autant plus sensible, qu'il ne s'en doutait pas. Il prêta le serment dans les mains du roi, et entra au même moment dans l'exercice de sa charge; ce qui retint Anna et Henriette quelque tems à la cour.

Cependant Edgard, qui était de retour à Londres sans que George le sût, pressait lady, qu'il voyait secrètement chez lady Newill, de le rendre le plus fortuné des hommes en lui accordant la main de son amante; mais Anna, qui ne pouvait sans un sentiment de crainte et presque de remords prendre sur elle une démarche si hardie, cherchait toujours des prétextes pour en éloigner l'instant. La reine la sommait pourtant de tenir sa parole; elle avait accordé toutes les graces promises, et Anna semblait hésiter à remplir ses engagemens. On ne se joue pas impunément de ceux qui gouvernent: Marguerite commençait à montrer de l'humeur, le ministre encore plus. La reine signifia qu'elle exigeait que la bénédiction nuptiale fût donnée à Edgard et Henriette sous trois jours, qu'elle voulait y assister, et qu'en conséquence, ce serait à Londres que le mariage aurait lieu. Lady observa que c'était presque sous les yeux de George, et qu'elle ne s'en sentait pas le courage ; qu'il fallait bien mieux que ce fût à Birmingham, dans la chapelle abandonnée, qui avait cessé de l'être ; qu'Edgard en avait fait en quelque sorte le vœu, lorsqu'il quitta le château. « Il peut se rendre secrètement dans les souterrains, y amener un prêtre dont la discrétion lui soit connue, et attendre là que je fasse avertir l'un et l'autre. Si votre majesté est assez bonne pour vouloir être témoin des sermens de mes enfans, il n'y a nul inconvénient qu'elle vienne ostensiblement à Birmingham ; et lorsque tout dormira dans le château, nous nous rendrons dans la chapelle, ayant soin de faire avertir Edgard et le ministre, et des liens sacrés uniront Henriette à Edgard. J'ai donné ordre qu'on réparât une galerie basse, qui, autrefois, communiquait à la chapelle. On a dû ouvrir la porte condamnée depuis si long-temps : ce sera par-là que nous nous rendrons dans cet oratoire, et que l'époux d'Henriette pourra, pendant les heures de la nuit, être réuni à sa compagne, sans que personne en ait le moindre soupçon, parce qu'il ira et viendra par les souterrains. »

La reine trouva tout ce que lui dit Anna parfaitement raisonnable, et il fut convenu que l'on s'assurerait du jour où les travaux seraient entièrement terminés, pour se rendre, le lendemain, à Birmingham. On ne craignait pas d'y être troublé ni par William, ni par Herefort; tous deux étaient absens ; lord Wilz devait être à Calais depuis plusieurs semaines, et lord Herefort avait aussi été dans ce port pour y faire l'inspection des vaisseaux qui s'y trouveraient, et il s'était embarqué sur l'Intrépide pour visiter les côtes d'Irlande. Tout devait donc concourir à rendre facile et mystérieux cet engagement au pied de l'autel réédifié par Edgard : on saura par la suite qu'il ne fut pas le seul qui fit travailler à cet édifice; mais cela se fit si secrètement que pendant de longues années personne n'en eut connaissance.

Madame d'Herefort envoya à Birmingham prévenir de l'arrivée de la reine, et donna les ordres les plus précis pour que rien ne manquât à la magnifique réception de cette princesse : c'était la première fois qu'elle honorait ce château de sa présence. Presque tous ceux qui l'habitaient ignoraient que c'était elle que milady avait reçue dans les souterrains. Ainsi cette réception devait avoir une grande solemnité. Lord Sommerset profita de l'absence de George pour accomgner Marguerite chez son amie; il était bien aise d'être témoin du mariage et dépositaire d'une copie de l'acte qui le constatait, car il craignait qu'Anna n'éludât sa promesse.

Edgard, caché dans Londres, ne put apprendre que le jour qui devait lui assurer une félicité sans bornes était irrévocablement fixé, sans se livrer à toute l'ivresse de la joie; il semblait ne plus exister que pour cet instant, qu'il hâtait de toutes les puissances de son ame. Henriette, non moins tendre mais plus timide, éprouvait bien ainsi que sa mère des craintes secrètes, mais l'amour ne lui laissait pas le tems d'y réfléchir.

CHAPITRE XXII.

Edgard avait été élevé par sir Robert Smith, et le lord Wilz lui avait donné une cure dans le Dévonshire près d'Excester : c'était un homme d'une grande piété et de mœurs irréprochables. Edgard était persuadé qu'il n'y avait que ceux-ci qui fussent capables d'une parfaite discrétion ; aussi prit-il la résolution de le choisir pour recevoir ses sermens et ceux d'Henriette. S'étant enveloppé d'un grand manteau, son chapeau rabattu, suivi du seul Cramps, et montant un cheval barbe qui pouvait faire quarante milles en un jour, il se mit en route et arriva le troisième jour au matin dans les belles prairies qui bordent l'Ex; il aperçut de l'autre côté de la prairie un village dont l'aspect annonçait la paix et l'aisance : toutes les maisons sont bâties sur le même modèle : aucune ne présente l'idée de la misère ou de la négligence. Celle du curé, un peu plus élevée que les autres, semble n'être différente, que pour qu'il soit plus facile au voyageur, à l'infirme et au pauvre de la reconnaître comme l'asile de la bienfaisance ; car elle n'est pas mieux bâtie, mais plus vaste, et exposée au soleil levant. Le houblon et la pervenche en tapissent les murs ; c'est la nature seule qui a été chargée de l'orner. « C'est sûrement là, dit Edgard à Cramps, que demeure le vertueux Robert Smith ; je voudrais bien savoir comment y arriver. Je ne vois point de barque. » Cramps engage son maître à se reposer un instant, qu'il va voir si, en remontant, il ne trouvera pas un gué : en effet, au bout d'un quart d'heure, il le vit revenir. « L'Ex est guéable, dit-il, à deux portées du trait d'ici. » Edgard mit son cheval au galop, et trouva effectivement les bords de la rivière fort faciles à franchir ;

son cheval et celui de Cramps la passèrent sans aucune difficulté. Dès qu'ils furent parvenus à l'autre bord, ils entrèrent dans un chemin bordé de saules, il conduisait à une petite grille qui fermait un enclos défendu par des haies d'épines; à cet instant, la grille était entr'ouverte, ils la poussèrent, et se trouvèrent dans un immense verger couvert de pommiers fleuris, dont l'odeur se joignait à celle de l'épine et répandait un parfum délicieux. Une luzerne parfaitement soignée couvrait le sol, et un seul sentier tortueux comme tous ceux tracés par les pas de l'homme, arrivait dans une petite cour environnée de barrières peintes en verd. Là étaient réunis les oiseaux qui peuplent nos basses-cours, et parmi lesquels on distinguait le coq de la race de ceux qui combattent encore de nos jours.

La frayeur que ces bons animaux éprouvèrent à la vue de Cramps et de son maître, leur fit jeter des cris; une petite chienne noire, marquée de feu, y répondit par un jappement si aigu, que sir Robert sortit aussitôt de sa maison, et vint à la rencontre des étrangers. Il reconnut d'abord le comte Wilz; mais celui-ci lui fit connaître en posant son doigt sur ses lèvres qu'il ne voulait point être connu. Il se contenta donc, aussitôt qu'il fut descendu de cheval, de lui serrer affectueusement la main, en lui disant: « Mon ami, j'ai besoin de vous. — Disposez de moi, je suis à vous. — Mais, ajouta Edgard, que vous seul sachiez mon nom; pour toute votre maison je m'appelle Charleston. — Je n'ai avec moi, reprit le curé, que ma mère, qui ne vous a jamais vu, et une vieille servante qui vous connaît encore moins. Entrez; après les premiers complimens, nous passerons dans mon cabinet. — Voilà, dit le pasteur à sa mère, qui filait dans la salle où ils entrèrent, sir Charleston, que j'ai connu enfant, et qui s'étant souvenu de moi, vient pour me consulter sur une affaire qui l'intéresse. Dites, je vous prie, ma mère, à Jenny qu'elle nous prépare à dîner, et qu'elle indique au valet de mon ami où il doit placer ses chevaux. » Edgard salua madame Smith, et entra avec Robert dans sa bibliothèque; son ancien maître lui présenta un siége et s'assit auprès de lui. « Qui vous amène de si loin, mon cher lord ? — Des événemens bizarres, qu'il faut que je vous raconte dans le plus grand détail, pour que vous connaissiez la position où je me trouve, et combien j'ai besoin de vous; je ne vous dis pas de vos conseils, parce que je ne suis pas maître de diriger mes actions, ma marche est tracée; mais j'ai besoin d'un ami fidèle pour la rendre moins périlleuse; et pouvais-je le rencontrer avec plus de certitude que dans celui qui a formé mes premières années et celles de mon frère. — William est-il toujours d'une humeur aussi violente?

— Vous verrez, par ce que je suis forcé de vous apprendre, qu'il est toujours le même. — Il me paraît, mon cher Edgard, que vous avez une longue narration à me faire, et je pense que vous devez vous être levé matin : dix heures viennent de sonner, c'est l'heure du dîner de ma mère, nous la ferions attendre ; si vous voulez, nous repasserons dans la salle à manger, et après un repas frugal, vous m'apprendrez le sujet d'un voyage qui me fait un sensible plaisir, s'il n'a rien qui vous afflige. — Il fait tout à la fois ma suprême félicité et me cause une douleur profonde ; mais j'accepte avec plaisir votre proposition, car je suis parti à l'aurore et ne me suis pas arrêté depuis l'endroit où j'ai couché qui est à plus de seize milles d'Excester. » Robert Smith rentra avec son hôte et trouva le couvert mis. Le pouding, le beurre et le rosbif couvraient la table ; la bière fraîche et le pain blanc étaient les seuls apprêts de ce repas offert par la plus aimable cordialité ; madame Smith en fit les honneurs avec une extrême politesse. On parla de la reine ; la mère du pasteur l'avait vue à son arrivée en Angleterre, et elle conservait d'elle une idée fort avantageuse. Edgard l'assura que cette princesse était toujours belle et aimable, et que surtout elle déployait de plus en plus des vertus qui se trouvent rarement dans son sexe ; qu'elle venait d'en donner plus d'un exemple. On n'entra cependant dans aucuns détails sur la dernière affaire, ni sur les arrestations des lords Wilz et Herefort, et dont il n'avait point été question dans le Devonshire.

Après le repas, Robert emmena son élève sous un berceau de lilas et de chèvre-feuille, qui était dans un petit jardin derrière la maison, où le pasteur cultivait quelques fleurs, et principalement des plantes médicinales dont il faisait usage pour les pauvres habitans de la paroisse, à qui il servait de médecin, ayant exprès étudié, autant que ce temps-là le permettait, l'art de guérir; car il croyait que son ministère ne se bornait pas aux soins spirituels, et qu'il devait être leur père, leur ami et leur conseil, dans toutes les circonstances de la vie : aussi était-il adoré.

Dès qu'ils se furent assis sous ce joli ombrage, Edgard raconta à son ancien instituteur tout ce qui s'était passé depuis six mois à Birmingham, et Robert écouta avec une extrême attention; et lorsque Edgard cessa de parler, il lui dit : « Que me demandez-vous ? que je prête mon ministère pour braver l'autorité paternelle, afin de vous unir, vous l'un des plus fermes appuis de la maison régnante, à la fille d'un de ses plus mortels ennemis. D'ailleurs, mon cher Edgard, vous convenez vous-même que vous redoutez la cruelle jalousie de votre frère; que vous lui avez entendu dire, que si le ciel dans sa colère vous avait enflammé pour le même objet, il oublierait les sentimens de la nature pour ne voir en vous qu'un rival odieux, et qu'il n'aurait pas répondu jusqu'à quel excès il eût porté sa vengence. Voulez-vous que je sois cause que deux enfans que j'ai élevés avec le même soin, la même tendresse, s'entr'égorgent un jour? Non, renoncez à ce fatal hymen; il me semble que je vois dans l'avenir qu'il vous rendra malheureux, vous et celle que vous aimez. Elle aura toujours à se reprocher d'avoir désobéi à son père qui ne lui pardonnerait pas; vous, vous seriez tourmenté de la crainte que votre secret ne fût révélé à votre frère; et au lieu des plaisirs que vous vous promettez dans cette union, vous n'y trouveriez que troubles et remords. Rappelez-vous la conduite de William envers vous, sa générosité, sa confiante amitié, et calculez quelle doit être une passion qui l'a porté à se manquer à lui-même par une conduite opposée à son caractère bouillant, il est vrai, mais franc, loyal, et jugez par cela seul ce qu'il serait capable de faire, s'il apprend que vous êtes l'époux de l'objet de ses adorations. — C'est la raison, mon cher maître, qui me fait venir ici pour chercher le seul homme sur la discrétion duquel je puisse compter. Je vous ai dit, mon digne ami, que je ne vous demandais pas de conseils, parce qu'il n'y en a point qui puisse me garantir des malheurs dont vous me voyez environné; j'ai eu tort de m'être laissé entraîner à une passion qui ne pouvait que m'être funeste; mais la reine regarde mon mariage comme si important à sa cause, qu'elle m'en ferait une loi, si l'amour, plus fort que toutes les puissances de la terre, ne me le faisait pas ardemment desirer. Il ne me serait plus possible de m'en défendre sans attirer sur moi la disgrace de la reine, la colère de lady; jugez, avec de si fortes raisons de poursuivre ce projet, ce que doit nécessairement y ajouter l'amour le plus tendre et le plus réciproque. Si donc vous refusez de nous bénir, il faut que je m'adresse à un autre prêtre, qui croirait de son devoir peut-être de dénoncer mon projet au père d'Henriette ou à mon frère, ou de le laisser entrevoir par quelques propos imprudens. Vous seul, mon cher Smith, pouvez me garantir de ce malheur, et rien ne peut me sauver des autres. »

Robert avait toujours eu une grande faiblesse pour Edgard; aussi se laissa-t-il vaincre, et il convint que le lendemain matin il partirait avec son élève pour se rendre dans les souterrains, et y attendre l'instant fortuné qui lui assurera la main de son amie.

CHAPITRE XXIII.

Le départ de la reine et de son ministre pour Birmingham est fixé; tous les préparatifs sont faits. Les courtisans s'étonnent d'une telle faveur, et plusieurs disent : « C'est ainsi que Marguerite récompense la trahison et la révolte. » Car beaucoup persistaient à penser qu'Anna avait réellement eu le projet de s'assurer de cette princesse, et ils ajoutaient : « Voilà l'effet bisarre de la crainte, que les grands ont de voir affaiblir leur autorité; c'est pour la conserver à quelque prix que ce soit, qu'ils caressent et comblent de bienfaits leurs ennemis, tandis qu'ils négligent leurs véritables amis. Ils estiment assez ceux-ci pour ne pas penser qu'ils puissent se fatiguer de l'état d'abandon où ils les laissent et se détacher de leurs intérêts. »

Ces murmures venaient jusqu'à Marguerite; elle les méprisait, et suivait avec ardeur l'accomplissement de ses projets. Il fut décidé que l'on ferait à cheval la route de Londres à Birmingham, et rien ne fut épargné pour rendre magnifique cette cavalcade; et sur la route qui conduisait de la capitale vers les possessions du comte, elle étonnait par sa superbe tenue, les habitans des campagnes qu'elle traversait. On rencontra à un mille du château de Birmingham tous les vassaux du comte en état de porter les armes, rangés en haie des deux côtés du chemin; une décharge de mousqueterie, à laquelle répondirent les coulevrines placées sur les tours, annoncèrent l'arrivée de la reine. On entendit une musique guerrière venant d'une barque sur le Tam; les cloches de la chapelle et celles de toutes les paroisses environnantes sonnaient depuis le lever du soleil. Joignez à cela le bruit qui accompagne toujours la marche d'une troupe nombreuse de cavalerie, et vous aurez quelqu'idée de cette réunion de sons qui faisait retentir l'air et empêchait non seulement de s'entendre, mais même de se livrer à la moindre réflexion. Aussi Henriette était arrachée malgré elle à ses pensées tendres et inquiètes.

Sir Jacques parut à la tête des domestiques du comte et de la comtesse ; douze jeunes filles vêtues de blanc portaient des corbeilles de fleurs qu'elles jetaient sous les pas de la reine. L'alderman complimenta cette princesse et son ministre à l'entrée du pont, que l'on avait couvert de riches tapis. Milady et sa fille étaient aux côtés de la reine, non comme à l'instant où l'on quitta les souterrains pour s'assurer d'elles, mais cette fois-ci comme un honneur qui leur était dû.

Sir Jacques avait parfaitement rempli les intentions de sa maîtresse, et rien ne manquait à la réception de la reine, que la plus belle journée rendit magnifique. Le festin était servi quand la reine arriva. Mais elle voulut quitter ses habits de voyage, et toutes les dames de sa suite, milady et sa fille en firent autant : aussi, lorsqu'elles se placèrent à table, on ne pouvait rien voir de plus brillant. Cependant on avait affecté pour Henriette la plus extrême simplicité, afin de ne pas faire croire que cette fête fût pour elle : la reine ne la mit pas même à côté d'elle à table ; sa mère et M. de Sommerset occupaient ces deux places ; Henriette était assise à la droite du ministre, et Barkler à celle d'Henriette ; de sorte que quelques personnes pensèrent que c'était le baronnet qui serait un jour l'heureux époux de miss Herefort.

Le repas fut long, car entre chaque service, il y eut des intermèdes où l'on chanta des couplets à la louange de la reine et de son premier ministre. Comme la nuit commençait à étendre ses voiles, un nombre immense de bougies et de flambeaux de pure cire, remplacèrent le jour. De la galerie où était placée la table, on passa dans une autre superbement décorée, où on exécuta un concert; et après deux heures de musique, la reine ayant témoigné qu'elle était fatiguée et desirerait se retirer, ce fut un ordre pour tous les courtisans, qui veillent et dorment suivant les dispositions de leur maître, de quitter la galerie; et ils furent conduits dans l'aile du château opposée à celle où était la chapelle abandonnée.

La reine, le ministre, miss Hèrefort, John Barkler feignirent de se coucher; mais il n'en fut rien, et après que les domestiques furent sortis de leurs appartemens, ils se réunirent tous dans la petite galerie, au bout de laquelle était un escalier qui conduisait à celle dont la porte rendait dans la chapelle. Sir Jacques, Cramps et mistriss Roberson, seuls de tous les domestiques de la comtesse et de milord Wilz appelés à être présens à l'auguste cérémonie, s'y trouvèrent. Madame Roberson, après avoir paré la belle vierge de Birmingham que l'amour et la pudeur embellissaient encore, mit aussi une robe de soie des Indes qui lui avait été donnée par la comtesse, et des coiffes de dentelles de Flandres ; ensuite elle alla chercher l'ami Cramps qui, cette même nuit, devait être son époux. Mais il était déjà descendu dans les souterrains, où sir Jacques vint chercher le curé, qui devait bénir l'autel et le consacrer *à la Reconnaissance*.

Après cette première cérémonie, le bon prêtre et le majordome restèrent dans la chapelle, non sans que sir Jacques n'ait quelque ressentiment des frayeurs qui l'avaient si vivement affecté dans cette chapelle autrefois abandonnée. Cramps était allé au fond des souterrains trouver son maître, et l'aider à ajouter aux graces qu'il avait reçues de la nature tout ce que l'art peut inventer de plus agréable. Smith même, le sage Smith fut frappé de sa beauté, et dit : « Si Henriette est aussi belle, aussi aimable qu'Edgard, je ne suis plus étonné qu'une passion extrême les porte à l'imprudente action qu'ils vont commettre. Mais moi, qui me justifiera ? qui justifiera la reine, le ministre, et surtout Anna ? Nous savons tous que nous allons commettre une grande faute, et nous la commettons de sang froid ! » Mais il n'était plus temps de retourner en arrière, et les réflexions de Robert ne servaient qu'à l'attrister, sans pouvoir empêcher son élève de courir à sa perte.

Edgard, brillant de jeunesse, d'espérance et d'amour, traverse le caveau funèbre où reposent les ancêtres de celle qui va devenir son épouse; il a fléchi les genoux devant ces tombes antiques, il invoque les mânes de ceux qui y reposent, il leur demande d'assister à ses

ses sermens, d'en être les garans et les protecteurs; et enfin, s'élançant sur les dégrés que l'on a rétablis à la place de ceux qui, par leur chute, avaient causé une si grande frayeur à sir Jacques, il entre dans cette chapelle dont l'aspect est si différent de celui qu'elle avait, lorsqu'il la traversait pour arriver jusqu'à celle qu'il adore : pour tout autre qu'un amant, il eût été difficile de la reconnaître; pour lui, il ne voit d'abord que la grille de la tribune; il y cherche encore l'objet de son amour; mais, rappelé à des sentimens plus religieux par son pieux ami qui, déjà, est au pied de l'autel, et prie pour le couple qu'il va bénir, Edgard s'approche de lui, et son cœur s'élève vers le maître du monde; il le prie aussi, mais il lui semble que ses vœux sont rejetés, et un froid mortel passe dans ses veines.

« O mon père ! dit-il à Robert, priez pour moi; vous êtes digne d'élever votre voix vers la sainteté par essence; moi, je me sens tremblant devant la Majesté divine. Ah Dieu ! me puniras-tu d'aimer celle que tu fis si digne de l'être ? »

Smith qui ne voit plus le moyen de reculer, paraît au contraire plus calme, et dit à Edgard, qu'il espère qu'un jour le consentement de George, joint à la renonciation de William, régularisera cette auguste cérémonie. « Je le demanderai chaque jour, dit-il, et j'espère que je l'obtiendrai de celui qui ne refuse rien au cœur simple et confiant. »

Edgard, rassuré par les paroles de son ancien maître, revint à des idées plus tendres ; il écoute, et croit distinguer le bruit de pas dans la galerie basse ; bientôt les portes s'ouvrent, et lord Sommerset paraît, donnant la main à la fille de milord Herefort : elle est vêtue d'une toile d'argent, brodée d'étoiles, de perles et de saphirs ; ses longs cheveux tombent en boucles sur ses épaules ; trois rangs de grosses perles placés sur son sein en dérobent en partie les formes ; et la couronne virginale, que la reine et sa mère ont attachée sur son front, y retient un voile du tissu le plus léger, qui descend jusqu'au bas de sa taille, dont il n'empêche pas de voir la molle souplesse. Enfin sa parure est tout à la fois si riche et si décente, qu'elle eût embelli la laideur, et ajoutait un tel éclat aux charmes d'Henriette, qu'Edgard en fut ébloui. Le ministre la lui présenta : « Voilà, dit-il, le prix du courage et de la fidélité. » Le comte Wilz reçut la main d'Henriette avec une telle ivresse, qu'il n'apercevait plus ni le ministre ni milady : il n'y avait plus pour lui dans l'univers que celle à qui il allait jurer un amour éternel. Henriette, non moins éprise, oublie que cet acte solennel est irrégulier. Que lui importent les formes voulues par la loi ? c'est dans le cœur de son amant, et bientôt son époux, qu'est la garantie de ses sentimens, que le sien gardera jusqu'à la mort.

Smith commença l'auguste cérémonie, et après avoir, dans les termes les plus touchans, retracé aux époux leurs devoirs, il les interroge l'un et l'autre sur la résolution qu'ils prennent de s'unir irrévocablement. Les deux couples protestent que c'est leur unique désir; Edgard et Henriette prononcent l'un et l'autre ce mot qui, dans toutes les langues, dans tous les pays chrétiens, rend le mariage indissoluble. Mais à peine Henriette l'avait-elle articulé, au moment où le curé allait faire la même demande à Cramps, que la trappe, qui était restée ouverte, parce que Smith devait retourner passer la nuit dans les souterrains, se referma avec fracas, et, chassant l'air impétueusement, éteignit une partie des cierges. Un mouvement de terreur et de surprise saisit l'assemblée;

Henriette pâlit, et crut voir un présage sinistre dans cet événement, que plusieurs attribuèrent à un effet naturel. La trappe a été mal affermie; en tombant, l'air comprimé éteint les flambeaux, rien de si simple; mais si c'était quelqu'un qui eût pénétré dans les souterrains : l'ancienne ouverture est fermée, la nouvelle n'est connue que d'Edgard et de William, et celui-ci est prisonnier sur sa parole à Calais.

Cependant la cérémonie est interrompue; on descend avec des torches dans les souterrains; on fait les plus grandes recherches, et on n'aperçoit aucune trace qui indique que qui que ce soit ait pénétré dans ces sombres demeures; le calme renaît, on rit même de la frayeur que l'on a eue.

Robert Smith remonte à l'autel, reçoit les sermens de Cramps et de la veuve Roberson, offre un sacrifice au Dieu vivant, et bénit Edgard et sa compagne, ainsi que leurs fidèles serviteurs. La reine, milady et la bonne Roberson reconduisent la nouvelle épouse dans la même chambre où elle avait fait le premier aveu de ses sentimens à l'heureux Edgard. Celui-ci conduit, avec sir Jacques, son ami dans la chambre souterraine où ils avaient passé la nuit dernière. Le majordome reste avec le bon curé, qui ne le voulait pas, mais Edgard l'exige. Sir Jacques, que la fermeture de la trappe avait effrayé, ne dormit pas très-tranquillement, et se persuada même qu'il entendait marcher dans les galeries. Edgard et Cramps étaient remontés dans la chapelle, ils gagnèrent la galerie, et arrivèrent à l'escalier qui conduisait dans la chambre dite de la tribune, où ces dames avaient fait coucher la mariée : elles y attendaient Edgard. La bonne Roberson était déjà dans une chambre près de celle de lady Wilz. Son époux se prêta de fort bonne grâce à quelques épigrammes de la reine ; Edgard marqua à cette princesse et à milady la plus vive reconnaissance ; et dès qu'elles furent sorties, il ferma soigneusement le sanctuaire où l'amour et l'hymen allaient couronner sa vive tendresse. Respectons ces doux mystères, et voyons avec un peu moins de réserve la bonne Roberson entr'ouvrant sa porte, pour voir si son bien-aimé Cramps va bientôt venir lui témoigner son amour. Cramps, un peu moins pressé que son maître, pour plus d'une raison, arrive enfin ; l'experte veuve, au comble du bonheur, trouvait qu'elle avait fort bien conduit toutes choses, et se flatta que lorsque le mariage de sa maîtresse serait public, elle déclarerait le sien ; et ce n'était pas un médiocre sacrifice à son amour-propre, de ne pouvoir se dire à l'instant même, l'épouse d'un aussi joli jeune homme.

Il était facile à Edgard d'oublier les instans ; un sommeil enchanteur l'enchaînait dans les bras de sa bien-aimée ; et lorsque Cramps, qui avait trouvé la nuit très-longue, vint frapper à sa porte, il crut qu'il était au plus minuit. « Milord, il est cinq heures ; il est temps de gagner les souterrains, si vous voulez en sortir avant que la route soit fréquentée. » Edgard ne peut se résoudre à s'éloigner de celle qu'il adore ; ce qui n'arrive pas toujours : cependant la prudence l'exige ; il reviendra demain, tous les jours ; le corps qu'il commande est près d'Herefort. Henriette lui dit qu'il faut qu'il parte, et elle le retient près de son cœur ; un baiser qui doit être celui des adieux, l'empêche de la quitter : on a tant de choses à se dire la première nuit des noces, quand c'est l'amour qui a allumé le flambeau de l'hymen. Mais milady qui craint que son gendre ne s'oublie, vient aussi à la porte ; à sa voix, Edgard sort enfin du lit nuptial, et s'habillant à la hâte, il fait ouvrir à la comtesse. Il éprouve une consolation réelle en laissant Henriette avec sa mère : celle-ci voit avec l'orgueil maternel le bonheur qui brille dans les yeux de son gendre; elle l'embrasse, lui donne le doux nom de fils, lui recommande de ne point s'exposer, et l'assure que chaque nuit lady Wilz viendra habiter cette chambre. « Où je vous attendrai, dit-elle en rougissant, et lorsque vous ne viendrez pas, mes souvenirs me tiendront lieu de bonheur...... » Des souvenirs ! pauvre Henriette ! c'est tout ce qui vous restera de tant de félicité.

Pendant qu'Edgard et Cramps gagnent la chapelle, et passent par la fameuse trappe, milady fait lever mad. Cramps : elles conduisent Henriette dans la chambre qu'elle occupait auprès de sa mère, et on referma avec soin celle de la tribune. Lord Wilz et son fidèle Cramps parvinrent aux souterrains dont Robert Smith était parti, selon toute apparence, deux heures avant, pour regagner le Devonshire, où Jacques devait le reconduire jusqu'à son presbytère.

Edgard, étant obligé de se rendre aux avant-postes de l'armée, n'avait pu accompagner son ancien instituteur ; comment sacrifier une seconde nuit, quand la première a été si délicieuse ? le bon curé ne l'a point exigé, il ne voulait pas même que le majordome fît le voyage ; mais celui-ci avait l'ordre précis de ne le point quitter, qu'il ne l'eût remis dans sa paisible demeure.

CHAPITRE XXIV.

Les songes les plus délicieux bercèrent la nouvelle mariée une grande partie de la matinée. La reine et sa mère se promenaient depuis long-temps dans les jardins, qu'elle dormait encore profondément. Madame Roberson, car nous continuerons à appeler ainsi madame Cramps, puisque son mariage n'était pas plus connu que celui de sa maîtresse, entre dans la chambre et la réveille. Jamais Henriette ne lui avait paru aussi belle ; une douce langueur tempérait le feu de ses regards et les rendait encore plus touchans ; son teint ressemblait à la rose nouvelle : elle fut toute interdite, quand elle sut qu'il lui restait à peine le temps de s'habiller avant de se mettre à table. « Que dira la reine ? — C'est sa majesté qui a défendu que l'on vous réveillât plus tôt. »

La toilette d'Henriette fut aussi simple le jour, qu'elle l'avait été la veille, aussi se trouva-t-elle bientôt prête à passer dans la galerie, et à y attendre sa mère et la reine; elles s'y rendirent fort peu de temps après, et Marguerite fit mille caresses à la nouvelle mariée, qui éprouvait une sorte de mal-aise en pensant qu'il fallait qu'elle renfermât dans son cœur la joie qu'elle avait d'être mariée à son Edgard. Elle ressentait aussi une peine secrète en se voyant entourée d'hommes qui se croyaient autorisés à lui adresser des hommages, et auxquels elle ne pouvait, d'un seul mot, ôter tout espoir, en leur montrant celui à qui elle appartient. Ne pas le voir, et être forcée de vivre en société avec tant d'autres, toutes ces pensées la troublent et lui donnent un air rêveur. Sa mère l'en avertit, et lui dit qu'elle doit se contraindre et penser que cela est de la dernière importance. Elle fait tous ses efforts pour y parvenir, mais inutilement; elle retombait toujours dans le même accablement.

Après le dîner, la reine voulant la distraire, proposa une pêche sur le Tam; des barques se trouvent à l'instant pavoisées et ornées de guirlandes. La reine, les deux ladys, le ministre et Barkler, montent dans l'une, et les autres reçoivent les demoiselles de la reine, celles de milady Herefort, les écuyers, les pages et les pêcheurs. Le temps était magnifique et la tranquillité de l'air ne ridait pas même la surface de l'eau, que les rameurs frappaient d'un mouvement régulier, qui marquait la mesure de leurs chants mélancoliques, et qui ajouta encore à la tristesse de l'épouse de Wilz. « J'ai voulu, dit la reine, vous séparer des dames qui m'accompagnent, pour pouvoir, Henriette, vous parler sans contrainte : Prenez garde que votre inquiétude ne soit aperçue ; que l'on en cherche la cause, et qu'on la devine. Alors, pensez à quoi auraient servi toutes les précautions que nous avons prises. — Ah! plût au ciel, dit Henriette, que ce secret fût connu, que je pusse me jeter aux pieds de mon père, et lui dire : Je suis seule coupable, punissez-moi ; mais que je ne meure pas avec le remords de vous avoir trompé, sans m'être justifiée à vos yeux par la nécessité où j'étais de vous sauver la vie. — Voilà, mon enfant, ce que nous lui dirons un jour, mais ce n'est pas encore l'instant. — Et qui me dit, madame, que ce moment viendra jamais; qui me dit que je reverrai Edgard? — Ce soir, ma chère, il sera près de vous, il vous dira que vous êtes un enfant, que nous mettrons en pénitence, si vous continuez à être aussi déraisonnable ; et je vous déclare que toutes les fois que vous n'aurez pas l'air simple et heureux, comme vous l'aviez la première fois que je vous ai vue, je défendrai à Edgard de venir à Birmingham. — Ah! madame, pardon, n'abusez pas de votre puissance pour faire mon malheur. — Soyez raisonnable, je serai juste. » Le ministre fit aussi quelques plaisanteries à la belle lady, qui lui rappelait le printemps d'Anna ; celle-ci vint au secours de sa fille, que Sommerset embarrassait, et ce fut la comtesse qui répondit avec beaucoup d'esprit ; elle ripostait aux agaceries du ministre avec des armes égales. La reine s'amusait infiniment de la conversation de son ministre et de son amie. Quand on fut à une lieue de Birmingham, on commença à pêcher, et on prit une grande quantité de poissons, dont on ne garda que les plus beaux. Henriette finit par prendre part à ce plaisir ; et lorsque la pêche cessa et que l'on revint au château, elle était beaucoup moins triste, semblable au ciel où il reste de légers nuages, après que le soleil a dispersé ceux qui un moment auparavant en dérobaient entièrement le bel azur. La reine descendit avec toute sa suite dans les jardins : on dansa à la lumière de l'astre de la nuit, auquel Henriette recommandait de guider les pas de son époux; la certitude de son prochain retour redonnait à sa physionomie l'expression d'une naïve gaîté, qui la rendait charmante. Après le souper, la jeune épouse, suivie de madame Roberson, se retira dans la chambre de la tribune, et sa nourrice, après l'avoir mise dans son lit, gagna le sien, attendant avec le même empressement son cher Cramps que milady attendait Edgard.

Cependant l'horloge du château sonne onze heures, minuit, une heure; personne ne vient. Le sommeil fuit des yeux d'Henriette, et la plus vive inquiétude s'empare de son imagination. Frappée qu'il est arrivée quelqu'accident à son époux, à deux heures elle ne résiste plus à sa situation, elle ne peut la supporter seule. Elle passe de sa chambre dans celle de sa nourrice; elle la trouve éveillée aussi et non moins persuadée que leurs époux ont été attaqués. « Cette trappe, malgré tout ce qu'on a pu dire, ne s'est pas refermée d'elle-même. On n'aura pas bien cherché dans les souterrains. — Oh! que me dites-vous, madame Roberson? si William....., mais non, il est à Calais. Si mon père.....! il n'a nulle idée de mon mariage. Qui peut en vouloir à Edgard, lui qui n'existe que pour le bonheur de tout ce qui l'entoure? Ah! je l'ai toujours dit, un mariage fait sans le consentement de celui dont on dépend immédiatement ne peut être heureux. Conçois-tu, ma chère Roberson, quel sera mon sort, si séparée pour toujours.... » Elle ne put achever, et elle tomba dans les bras de sa nourrice, fondant en larmes. « Mais, reprit celle-ci, qui avait aussi un violent chagrin, nous nous alarmons peut-être sans raison. Combien de circoustances, très-insignifiantes, peuvent faire qu'on ne se mette pas en route ? combien d'autres peuvent arriver quand on y est : un cheval boiteux, un ordre du général qui envoie un officier de tout autre côté que celui où il veut se rendre ? Cela arrive tous les jours, et on n'y pense pas; et ce qu'il y aura de plus clair dans tout ceci, ce sera le chagrin que nous nous serons causé. Mais voici trois heures qui sonnent, venez dans votre chambre près de milady, et tâchez d'y dormir, car bien sûrement ils ne viendront pas aujourd'hui. »

Henriette, accablée d'inquiétude, suit toutefois le conseil de sa nourrice, et revint près de sa mère, dont elle respecte le sommeil, quoiqu'elle ne puisse s'y livrer. Si un seul instant ses yeux se ferment, elle voit Edgard entouré de scélérats, qui l'enchaînent, lui bandent les yeux, et l'entraînent loin de Birmingham. Ce songe lui cause un tel effroi, qu'elle pousse des cris lamentables qui réveillent Anna, et celle-ci quitte son lit et va dans la chambre de sa fille, qu'elle ne croyait pas devoir y être encore revenue. A la lueur de sa lampe de veille, elle la voit pâle, les yeux égarés; ses beaux cheveux se sont échappés du réseau qui les retenait et tombent sur son sein. « Ma mère! ma mère! s'écrie-t-elle, ils l'ont emmené, je ne le verrai plus. — De qui veux-tu parler, ma fille? — D'Edgard qu'ils ont emmené. — Qui te l'a dit? — Je viens de le voir; ah! ma mère, j'en mourrai. » Madame Roberson qui entend Anna, vient aussi. Milady s'informe d'elle pourquoi sa fille paraît si troublée, pourquoi elle dit que son époux a été arrêté. « Ce ne peut être qu'un rêve, reprit la nourrice; car elle n'a point vu le lord cette nuit, il n'est pas venu, ni son fidèle Cramps, et elle se persuade qu'il a été assassiné. »

Cependant lady Wilz était retombée dans un sommeil léthargique ; elle ne voyait et n'entendait rien de ce que disaient sa mère et sa nourrice. Lady Herefort ne put apprendre sans une douloureuse surprise que son gendre ne fût pas venu, lui qui paraissait si éperduement amoureux. Elle voudrait déjà qu'il fît jour, pour que le ministre pût envoyer au camp de l'armée royale, dont le comte Wilz commande une partie de l'avant-garde, savoir s'il y est retourné et s'il y est. Il faut que l'on sache ce qui l'a empêché de venir ; mais il n'est encore que cinq heures du matin : lord Sommerset ne sera pas visible avant sept ou huit heures. Que ces heures sont longues ! que celles qui suivront le paraîtront encore plus ! Comme il est impossible qu'Henriette paraisse dans l'état de désespoir où elle se trouve, sa mère convint qu'elle serait censée malade, et en effet elle l'était; car quelle est la santé qui résiste à un violent chagrin. Sa mère ne la quitte point, elle lui présente tous les motifs qu'elle peut imaginer pour calmer ses alarmes, sans pouvoir y réussir. Enfin lord Sommerset est descendu dans les jardins, on vint prévenir Anna qui s'y rend aussitôt.

Elle explique au ministre le sujet de ses craintes. Sommerset sourit, ne voit rien dans tout cela de fort inquiétant. « Notre nouvel époux a passé plusieurs nuits de suite pour aller chercher le sir Robert Smith; il se sera couché en arrivant au camp, et réveillé trop tard pour se rendre ici. Je vais envoyer une estafette avec ordre de m'en rapporter la réponse avant la nuit. Tranquillisez Henriette, et dites-lui que c'est Morphée qui lui a joué ce mauvais tour. »

Lady remercia le ministre, mais ne

partagea pas son opinion sur la cause qui avait empêché son gendre de revenir à Birmingham; et se rappelant la trappe baissée au moment même du mariage, elle ordonna que l'on fît la recherche dans les souterrains, et elle entra chez la reine, qui la conduisit dans une petite tourelle pour s'entretenir du sujet de ses douleurs. S. M. ne pensa pas non plus qu'il fût fondé.

Avant de rejoindre sa fille, elle voulut savoir ce que les recherches dans les souterrains avaient produit. Ceux qui les avaient parcourus rapportent un chapeau avec des plumes blanches : elle le reconnut pour celui que son gendre avait à l'instant de son mariage ; mais il pouvait l'avoir laissé dans les souterrains, devant être enveloppé dans un manteau, pour qu'on ne le reconnût pas; malgré cela, elle fit placer ce chapeau dans un coffre qui était dans sa chambre, et n'en parla pas à sa fille, dont l'état lui faisait pitié.

« Mon Dieu ! disait Anna, si tous les soirs que lord Edgard devra venir, et qu'un empêchement imprévu ne le lui permettra pas, elle est dans cette profonde affliction, combien elle passera de jours fâcheux, et combien sa tristesse rendra ma vie douloureuse ! »

Cependant, milady est obligée de paraître au dîner de la reine; tout le monde s'informe de la cause qui les prive du plaisir de voir miss Herefort. « Elle a été attaquée, dit sa mère, d'une fièvre violente ; j'espère qu'elle n'aura pas de suite. En sortant de table, on vint dire au comte Sommerset que son estafette était de retour. Le lord va le recevoir dans son appartement : le cavalier était porteur d'une lettre du général en chef de l'armée, qui disait que depuis six jours, on n'avait point vu le lord Edgard, et qu'il n'avait pas donné de ses nouvelles. Le ministre commença à partager les inquiétudes des ladys. Sur les six jours d'absence, il savait bien ce qu'il avait fait les quatre premiers, mais non les deux derniers. Il fallait cependant en faire part à lady Herefort, afin qu'elle pût trouver une raison à peu près naturelle pour légitimer l'absence du lord auprès de sa femme, quoique cela lui parût difficile.

CHAPITRE XXV.

Lady Herefort savait que le courrier était arrivé, et elle en attendait des nouvelles avec la plus cruelle inquiétude, lorsque la reine la fit prier de venir chez elle. Anna trouva le ministre auprès de sa majesté, l'un et l'autre paraissent tristes; elle crut qu'ils avaient reçu la plus fâcheuse nouvelle, elle se sentit défaillir, et elle fut au moment de tomber; la reine la soutint, elle la serra contre son cœur, et lui dit avec une extrême bonté : « Je vois, ma chère Anna, que vous portez au dernier degré vos alarmes; nous n'avons pas de mauvaises nouvelles, mais nous n'en avons pas de bonnes. On n'a point vu Edgard; peut-être n'a-t-il pu aller au camp, et il viendra ce soir. Nous irons l'attendre chez sa femme, où nous nous rendrons aussitôt après le souper. »

On ne pouvait porter plus loin la bonté ; mais la présence d'Edgard pouvait seule rassurer sa belle-mère et sa femme. Celle-ci avait gardé le lit, et paraissait très-souffrante. La reine ne voulut pas qu'elle se levât. Il fut seulement convenu que madame Roberson irait attendre le lord dans la chambre de la tribune, et l'amènerait avec précaution dans l'appartement de lady Herefort, où la reine, le ministre et Barkler l'attendaient. Marguerite et Anna restent près du lit d'Henriette, dont la douleur ne peut s'exprimer, et que chaque heure augmente. Cette nuit se passa comme la première ; la reine ne se coucha pas ; lord Sommerset et Barkler jouèrent aux échecs dans un salon, à côté de la chambre de lady. Marguerite et Anna employèrent tout ce que la tendre pitié peut inspirer de plus touchant, pour calmer le désespoir de milady Wilz ; elles n'y pouvaient parvenir : celle-ci voulait mourir, puisque le fatal secret qui enchaîne ses démarches ne lui permettait pas de parcourir les trois royaumes, jusqu'à ce qu'elle ait retrouvé son bien-aimé. La reine l'assura que ces recherches seraient faites avec le plus grand soin ; qu'un lord ne pouvait pas disparaître sans que l'on trouvât ses traces ; « Mais, disait sa malheureuse compagne, s'il a été victime d'un assassin, que me servira d'apprendre ce crime, en serai-je moins privée de celui qui devait faire le bonheur de ma vie ? »

Les premiers rayons du jour ne laissant point d'espérance qu'Edgard parût, la reine se retira, le ministre l'avait déjà précédée ; Barkler accompagna la princesse ; il partageait les douloureux transports de la mère et de la fille : ce mariage était son ouvrage, il ne pouvait voir sans un violent chagrin, l'issue qu'il avait ; il se persuada qu'Edgard avait péri avec son fidèle Cramps, que la nourrice pleurait amèrement ; enfin tous les habitans du château de Birmingham étaient dans une tristesse déplorable. Marguerite fut forcée, ainsi que le ministre, de partir peu de jours après, sans avoir eu la moindre nouvelle de l'époux d'Henriette, à qui sa majesté promit de faire faire les plus grandes perquisitions pour le retrouver, et que sûrement on y parviendrait; elle l'engagea à se ménager et à vivre pour un époux qui lui serait rendu. Dans la triste position où étaient la mère et la fille, elles ne pouvaient désirer autre chose que d'être seules à attendre celui qui ne devait pas revenir, et dont l'absence devenait chaque jour plus douloureuse pour elles.

Madame d'Herefort se retirait toujours entre dix et onze heures du soir dans la chambre de la tribune, et y restait jusqu'à deux heures du matin. Là, elle comptait tous les mouvemens du balancier de l'horloge qui était au-dessus de la chapelle de *la Reconnaissance*, et chacune des oscillations du balancier, répondait au cœur de la pauvre Henriette. Sa mère la laissait pleurer en silence, elle essuyait ses larmes et y mêlait les siennes : qu'aurait-elle pu lui dire ? Dans ces profondes afflictions, les paroles produisent l'effet des épines que l'on se fait entrer dans la peau, en voulant écarter la branche qui vous enlace ; ce soin qui ne vous soulage point, est cause au contraire, de l'accroissement de vos douleurs : en général, l'homme se glorifie du don de la parole qui, quelquefois, fait plus de mal que de bien, car le silence a aussi son éloquence.

Henriette, la tête appuyée sur le sein de sa mère, qu'elle baigne de ses larmes, tenant sa main dans les siennes, exhalant des soupirs auxquels répondent ceux de sa mère, reçoit d'elle, en ce moment, la seule consolation qu'elle en peut attendre. De temps en temps elle relève sa tête, elle écoute comme quelqu'un qui croit entendre venir de loin; mais le bruit fantastique ou réel cesse, et Henriette se laisse de nouveau retomber sur l'épaule de sa mère. La pauvre Roberson pleure aussi, mais personne ne recueille ses larmes; dans d'aussi cuisantes douleurs, chacun est trop occupé des siennes pour songer à celles des autres.

Une nuit que la mère et la fille étaient assises à la même place, dans la même attitude que la veille, et que toutes les veilles qui avaient suivi la funeste nuit où Henriette avait inutilement attendu son époux, tout-à-coup la porte s'ouvre, Henriette s'élance des bras de sa mère, court au-devant de celui qui va entrer, et tombe sans connaissance sur le seuil. Qui avait fait ouvrir cette porte, que l'on fermait chaque soir à double tour? Dès que miss Herefort et sa mère sont entrées, selon toute apparence, ce jour-là mad. Roberson a oublié de fermer, et le pêne s'étant échappé, la porte s'est ouverte sans aucune autre cause. Cependant madame d'Herefort et la nourrice ont bien de la peine à faire revenir Henriette. — « Je l'ai vu, dit-elle ; son ame m'est apparue. C'en est donc fait, il n'est plus. » Et des sanglots sortaient de sa poitrine. Son œil est hagard, et il semble qu'elle voie encore l'objet qui l'a remplie de terreur. Anna l'assure que rien n'est aussi naturel que l'ouverture de la porte ; que le spectre qu'elle a cru voir n'est que l'effet d'une imagination blessée par de cruelles douleurs. Cependant comme elle veut la guérir de cette nouvelle crainte, elle envoie madame Roberson réveiller sir Jacques, qui était de retour au château, ayant conduit Robert Smith chez lui sans aucun accident.

Jacques se rendit aux ordres de sa maîtresse, et soutint qu'il était impossible qu'on eût pénétré dans la galerie basse, qu'il en avait la clef ainsi que celles de la chapelle et de la trappe ; qu'on en avait fait faire une double clef, pour que milord Wigt pût entrer à toute heure; que si ces dames voulaient descendre dans la chapelle, elles auraient la preuve de ce qu'il disait, et qu'il était prêt à les suivre. Henriette ne demande pas mieux. Jacques prend la lanterne sourde, et passe devant les dames, qu'il éclaire. Les portes sont effectivement fermées comme il l'a dit. Arrivés dans la chapelle, on est seulement surpris que la lampe soit allumée; il paraît qu'on s'est mis à genoux très-nouvellement sur un coussin posé sur les marches de l'autel; on voit encore l'empreinte qui l'atteste. Mais, ô sujet de terreur et de surprise ! on aperçoit le bout d'une écharpe rouge, telle que la portent les partisans de la maison de Lancastre; elle se trouve prise dans la fermeture de la porte. N'est-ce pas celle d'Edgard : il n'a d'autre couleur que celle de la rose rouge; ce n'est pas William, il n'est pas en Angleterre. Serait-ce Stanley qui, se repentant d'avoir renoncé à la main d'Henriette, cherche à l'effrayer pour obtenir d'elle un consentement que son cœur désavouerait, et qui prend les couleurs de Lancastre pour n'être point reconnu. D'après cette découverte, on n'ose s'exposer à descendre dans les souterrains; on referme la trappe, et milady donne ordre que l'on change toutes les serrures, puisqu'il paraît certain que quelqu'un s'est introduit dans le château. Puis on reprend tristement le chemin de l'appartement de madame d'Herefort; car il n'est plus heure d'attendre Edgard.

Remontées dans le château, une nouvelle pensée vint en même temps à la mère et à la fille : si on change les serrures, comment le comte Wilz entrera-t-il? comment le lui faire savoir? On change entièrement de système : les ladis n'iront plus attendre Edgard dans la chambre de la tribune, ce sera sir Jacques; et, comme celui-ci n'est pas la bravoure même, il ne se soucie guère de cet emploi ; alors lady ajoute qu'elle enverra avec lui son écuyer, que l'on se décide à mettre dans le secret. On ne changera point les serrures : si Edgard se rend au rendez-vous, on viendra sur-le-champ avertir Henriette, qui se réunira à son époux ; si, au contraire, un scélérat ose pénétrer dans cet asile de l'amour vertueux, l'écuyer d'Anna l'en fera repentir ; il est brave, d'un sang-froid admirable. Ce parti paraît à la mère et à la fille, le meilleur qu'elles puissent prendre dans les fâcheuses circonstances où elles se trouvaient.

CHAPITRE XXVI.

Depuis la nuit fatale qui avait détruit le bonheur de lady Henriette, sa santé était languissante. Le lord Herefort, qui avait terminé l'inspection des ports d'Irlande, devait incessamment passer sur le continent, et après avoir visité Calais, se rendre en Écosse; il venait goûter quelques momens de repos auprès de sa chère Anna, avant de passer la mer. Il revit sa compagne avec un sensible plaisir; le courage qu'elle avait montré dans les dernières circonstances où elle s'était trouvée, et dont il ignorait toutefois une grande partie, avait ajouté à son estime pour elle, sans nuire à l'amour qu'elle lui inspirait encore. Elle le retrouva aussi tendre et aussi empressé que dans leurs premiers beaux jours. « Chère Anna, lui disait-il, puisque nous n'avons plus l'espoir de marier Henriette, que je ne puis unir à Edgard ni à Stanlay, si le ciel enfin exauçait mes prières, s'il me donnait un fils, avec quelle reconnaissance je recevrais ce don de sa bonté! — Comment, reprenait Anna, croire qu'après avoir été quinze ans sans que j'aie eu d'autre enfant que ma fille, je devienne encore mère?» Elle ne le désirait pas, car elle espérait toujours qu'Edgard leur serait rendu, que son mariage serait reconnu publiquement, et qu'elle se verrait renaître dans les enfans de sa chère Henriette. D'ailleurs, comme je l'ai dit, elle ne supposait pas qu'elle pût aimer même un fils à l'égal de sa fille. Cependant, elle aimait aussi fort tendrement le lord, elle ne pouvait qu'être flattée de lui plaire encore, et malgré le désir qu'elle aurait eu de rester, comme elle faisait chaque nuit, avec milady Wilz, il fallait bien qu'elle la confiât à la nourrice pour les heures où elle attendait, avec une si douloureuse espérance, son bien-aimé, qu'un sort cruel retenait loin d'elle, pour passer ces momens avec son époux, qui était loin de soupçonner les raisons du changement où il trouva sa fille.

Il pensait bien que c'était le chagrin d'être séparé d'Edgard; il se reprochait d'avoir promis au duc d'Yorck de ne disposer d'Henriette qu'en faveur d'un de ses favoris; mais il ne se doutait pas que sa fille était mariée sans son consentement dans ce même château, en présence de la reine et de son ministre, et que depuis la nuit qui avait couronné cet Edgard, il avait complètement disparu, sans que l'on pût savoir quel était son sort, qui, selon les apparences, ne pouvait être que funeste, et surtout il était loin de croire ce que lady ne faisait encore qu'appréhender, que cet hymen, formé sous de si tristes auspices, aurait peut-être des suites plus funestes encore. Il ignorait aussi qu'un être malfaisant pénétrait dans l'intérieur du château, et y portait la terreur. Enfin tous ces mystères lui étaient inconnus, et se confiant à l'amour de celle qui lui est chère, il se forgeait de nouveaux moyens de bonheur, puisqu'il ne pouvait plus en espérer du côté d'Henriette, dont il se reprochait les malheurs, sans en connaître l'étendue et sans avoir la volonté de les alléger.

Il passa environ quinze jours à Birmingham, pendant lesquels on n'eut aucunes nouvelles d'Edgard, et sans que l'être fantastique parût. Mais madame Roberson commença à avoir la certitude qu'Henriette, à qui le sort ne voulait épargner aucun de ses coups, pouvait bien être mère; elle en parla à Anna qui, elle-même, aurait voulu se cacher ce triste secret, mais qui l'avait déjà pénétrée de douleur : Henriette n'en avait pas la moindre idée, et elle attribuait le dérangement de sa santé à sa profonde douleur. Ce fut à ce moment que l'amour maternel, le plus ingénieux des amours, comme il en est le plus tendre, inspira à lady une pensée qui n'était encore que vague; mais qui, peu à peu, prit de la consistance: et elle la combina avec une si grande prudence, qu'elle sauva l'honneur de sa fille et assura à son enfant un rang distingué dans la société.

Lord Herefort ne s'arracha qu'à regret de ses dieux pénates. Il avait peu d'ambition : autant il aimait la gloire acquise dans les combats, autant les honneurs qui n'étaient dûs qu'à la place qu'on occupe, lui étaient indifférens. Il eût voulu pouvoir se démettre de la charge de grand amiral, qui l'éloignait de ses plus chères amies, sa femme et sa fille, et qui, par conséquent, lui était peu agréable; mais la pensée que peut-être il aurait un fils, le faisait hésiter à remercier la reine de la confiance dont elle l'avait honoré, et à laquelle il répondait avec la plus extrême fidélité, quoiqu'il conservât dans son cœur un grand attachement au duc d'Yorck. Il fallut donc quitter encore Birmingham et gagner Plymouth, d'où il devait s'embarquer pour visiter Calais, et de là, comme nous l'avons dit, toutes les côtes d'Ecosse, jusqu'aux Orcades. Ce voyage devait être très-long, car il fallait négocier, avec le roi d'Écosse, un traité qui importait au salut de l'Angleterre ; aussi ne put-il s'éloigner d'Anna sans un vif chagrin ; celle-ci dont l'état de sa fille était présent à son esprit, regarda cette absence comme un bienfait du ciel ; Henriette, en pensant qu'elle avait sauvé la vie de son père par son hymen, sentait adoucir les douleurs dont cette union malheureuse l'abreuvait, et qu'elle n'imaginait pas devoir s'aggraver encore.

La reine avait envoyé plusieurs fois Barkler pour avoir des nouvelles des ladys et savoir si on en avait d'Edgard. Anna était sensible aux bontés de la reine et à l'amitié que John lui témoignait; mais ce n'étaient que de faibles consolations, en comparaison de ses douleurs, et quand elle pensait que Marguerite en était la principale cause, elle eût voulu pour tout au monde que cette princesse ne lui eût jamais donné de marques de bonté, puisque c'était l'attachement qu'elle lui avait inspiré qui l'avait entraînée dans l'abîme ainsi que sa chère Henriette. En vain la reine l'invitait à venir à la cour avec sa fille, elle s'en excusait et disait que tant qu'Edgard ne lui serait pas rendu, elle ne quitterait pas le seul lieu de la terre où elle pouvait espérer de le revoir.

Il fallut bien enfin que milady Wilz connût son état. Sa mère craignait qu'elle n'en fût vivement affligée; mais quel fut son étonnement quand elle vit sur son visage l'expression de la joie. « Quoi!

dit-elle, je serais mère; il me resterait un gage de l'amour de mon Edgard! ah! je ne suis pas si malheureuse que je le croyais. — Je conçois, reprit Anna, que ce soit une grande consolation pour toi, ma chère fille; et dans toute autre circonstance, j'en ressentirais la joie la plus vive. Mais pense à tout ce que nous avons à craindre dans celle où nous sommes. Je sais qu'il existe un acte qui constate ton mariage avec Edgard; la reine en a un double, et l'original en reste dans les mains de Robert Smith; mais nous met-il à l'abri de la colère de ton père? Ne m'accusera-t-il pas avec justice de l'avoir trompé? ne t'enlevera-t-il pas cet enfant, qu'il regardera comme la preuve de son opprobre? Ah! j'avoue que je ne puis envisager notre situation présente sans frémir. — J'aurai un enfant, je ne serai pas seule sur la terre. — Si c'est un fils, il sera sans état. — Il saura en acquérir un dans les champs de la gloire. D'ailleurs, ne puis-je pas me jeter aux genoux de mon père et lui dire : « Vous m'avez permis d'épouser Edgard, pourvu que mon premier-né, si c'est un garçon, prît votre nom : le voilà ce descendant des Herefort ; le sang des Wilz qui coule dans ses veines n'a point souillé le vôtre. Reconnaissez un hymen qui vous a sauvé la vie ; et puisqu'un sort barbare m'a privé de mon époux, et mon fils d'un père, adoptez cet enfant, qu'il soit le vôtre, celui de ma mère. » — Tu ne connais pas la rigidité de ton père ; il se portera aux plus grandes extrémités. Si je n'étais plus, tu pourrais essayer ce moyen qui, je suis sûr, ne réussirait pas, mais dont au moins je ne verrais pas les tristes effets. Au nom de ma tendresse, ma fille, ne révèle pas à ton père ce funeste secret, il y va de ma vie ; mais abandonne-toi à mon amour, et crois qu'il faut qu'il n'existe aucun moyen pour qu'une mère ne sauve pas sa fille. C'est moi qui adopterai ton fils. — Vous, ma mère ! — Oui, moi : nous déroberons ton état à tous les yeux, excepté à madame Roberson. J'écrirai à ton père que ses vœux sont exaucés, que je suis enceinte, et au moment où tu éprouveras des douleurs, enfermée seule avec toi et ta nourrice, tu donneras le jour à l'enfant de ton malheureux amour, que l'on croira le mien. — O ! ma mère, à quels dangers vous vous exposez ! — Moindres que ceux qui nous environneraient, si ton père te croyait l'épouse d'Edgard, et l'épouse abandonnée. — O ! ma mère, épargnez-moi ce mot cruel ; imaginer qu'Edgard est coupable !.... — Je ne le pense pas ; mais ton père pourrait le croire, et il me reprocherait doublement mon imprudence. Enfin, je ne vois que ce moyen de conserver ta réputation intacte, et d'assurer un état à ton enfant. Laisse-moi, ma chère Henriette, être encore mère de cette pauvre petite créature, à qui des barbares ont enlevé son père. — Je ne puis, dit lady Wilz, qu'être sensiblement touchée de ce que vous voulez faire pour moi ; mais je crains que mon père ne vienne à savoir..... — Eh bien! c'est alors que je lui dirai : vous vouliez que le fils de votre fille se nommât Herefort, pour être l'héritier de vos biens et de vos titres ; quel moyen plus sûr pouvais-je employer pour y parvenir, que celui de le rendre aux yeux de tous votre fils ? qui pourrait s'en plaindre, si ce n'est ma fille ? à qui cet enfant fait-il tort, si ce n'est à sa mère ? et n'est-ce pas, au contraire, pour elle le plus grand bonheur, puisqu'elle le verra élever sous ses yeux ; qu'elle pourra, sous le voile de la tendresse fraternelle, lui témoigner toute celle d'une mère. » Il n'était pas difficile à milady de persuader à sa fille de consentir à l'exécution de son projet; car elle ne pouvait qu'y gagner de toutes les manières : on s'y arrêta entièrement; la seule chose sur laquelle elles hésitaient, c'était de savoir si elles en conviendraient avec la reine; mais Henriette engagea sa mère, puisqu'elle voulait lui rendre cet important service, à ne mettre que sa nourrice dans la confidence, afin qu'au moins l'état de son fils ne pût jamais être détruit par quelque indiscrétion.

La joie qu'Henriette avait ressentie de la pensée qu'elle serait mère, ne se soutint pas long-temps; celle que le père de son enfant ne le verrait pas, qu'il ne pourrait le bénir au moment de sa naissance, se présenta bientôt à elle, et elle recommençait à pleurer. Cependant sa mère l'engagea à profiter du temps où sa grossesse ne paraissait point encore pour prendre l'air, dans la crainte qu'elle ne tombât malade. Henriette qui, dans toute autre circonstance, eût voulu mourir, étant persuadée que celui qu'elle aimait n'existait plus, voulait vivre pour son enfant. Elle reparut donc dans la galerie, près de sa mère, qui commençait à se plaindre des malaises que sa fille souffrait en silence. Elle écrivit même à son époux, qu'elle n'osait pas assurer, mais qu'elle croyait qu'elle pourrait être mère. Le lord lui répondit dans les termes les plus tendres, et qui respiraient la joie d'un événement qui devait combler ses vœux. La reine lui ayant envoyé Barkler, elle fit la même confidence à sa majesté, qui en ressentit moins de plaisir, puisqu'alors le mariage de mademoiselle Herefort avec lord Wilz, si on le retrouvait, n'enlèverait plus les grands biens de sa maison au parti opposé à la cour. Cependant, comme elle croyait que c'était un moyen de bonheur pour son amie, elle s'efforça de lui en témoigner sa satisfaction.

CHAPITRE XXVII.

Tout avait repris un calme apparent dans le château; toutes les personnes qui y venaient félicitaient la comtesse sur son état, et la plaignaient d'avoir des inquiétudes sur celui d'Henriette, que l'on voyait pâle, souffrante, abattue, et d'une tristesse qu'elle ne pouvait vaincre; car un nouveau sujet d'effroi était venu ajouter à la tristesse de son existence.

Un jour, se promenant seule dans les allées du jardin qui bordent le Tam, elle aperçoit une barque qui s'arrête en face d'elle; un seul homme la conduit, il est revêtu de ses armes, la visière de son casque est baissée; il tient un javelot qu'il lance aux pieds d'Henriette, et aussitôt il regagne l'autre bord, descend à terre, monte un cheval qu'un écuyer tenait prêt, et part au grand galop. Avait-il lancé ce javelot pour attenter à ses jours? mais qui peut avoir ce projet? hélas! ne sait-on pas que sa douleur seule peut la conduire au tombeau. Cependant, elle relève l'arme qu'elle imagine avoir été dirigée contre elle, et elle voit qu'un billet y est attaché : c'est peut-être des nouvelles de son Edgard; c'est peut-être lui qui n'a que ce moyen de l'avertir du lieu où il est. Elle ouvre ce papier, il est écrit d'une main inconnue, il ne porte ni nom ni armes, et est conçu en ces termes :

« Si la vie d'Edgard vous est chère,
» rendez-vous seule, à minuit, dans la
» chapelle abandonnée, vous m'y trou-
» verez. Si vous n'y venez pas, n'espé-
» rez jamais de revoir votre époux; sa
» vie est entre mes mains, et il aura cessé
» de vivre le lendemain du jour où vous
» aurez manqué au rendez-vous que je
» vous donne. Gardez le secret sur ce
» que je vous écris, c'est de la dernière

» importance ; surtout que votre mère » l'ignore. »

Le premier sentiment que la lecture de ce billet fit éprouver à Henriette fut celui de la joie, en apprenant que son bien-aimé est vivant, il absorbe toute autre pensée ; mais bientôt réfléchissant à ce que ce monstre, qui la sépare de son époux, exige d'elle, elle s'écrie : Mon Dieu ! que dois-je faire ? et la pensée qu'elle allait s'exposer à un danger plus terrible que celui de perdre la vie, ou qu'elle enfonçait un poignard dans le sein de son époux, lui paraissait impossible à supporter sans éprouver la plus mortelle douleur. « Edgard mourra, disait-elle, si je n'accepte pas ce terrible rendez-vous ; il mourra s'il sait que je l'ai accordé. O ! mon Dieu, inspirez-moi ce que je dois faire. » Elle résolut de ne point faire part à sa mère, ni à madame Roberson, de ce nouveau sujet de douleur ; puis tout à coup elle remonte chez elle, écrit une lettre, va trouver Jacques, et le prie de lui ouvrir la chapelle, qu'elle veut aller prier. Celui-ci n'en demande pas davantage, il prend les clefs, lui ouvre la chapelle et se retire.

Henriette restée seule, se prosterne sur les marches de cet autel qui a reçu ses sermens ; elle invoque les ombres de ceux en l'honneur de qui il a été relevé, dépose sur ce même autel la lettre qu'elle vient d'écrire, dont la suscription est celle-ci,

A l'homme au javelot.

Elle prie encore quelques instans, sort de la chapelle, dont elle reporte les clefs à Jacques, et rentre dans son appartement : elle réfléchit que l'homme au javelot est celui qu'elle a vu au moment d'entrer chez elle ; celui dont le bout de l'écharpe s'est trouvé pris dans l'ouverture de la trappe ; il a la clef qui ouvre cette même trappe, et celles des autres portes du château ; qui les lui a données ?

mais Edgard existe, et ce barbare m'a causé une joie plus vive en me l'apprenant, que la terreur qu'il veut m'inspirer par ses menaces. Si mon époux existe, comme je ne puis en douter, il trouvera le moyen d'échapper à son persécuteur, il se réunira à moi. O! mon Dieu, fais que je réussisse dans mon entreprise; j'ai fait ce que j'ai cru de plus prudent : secondez mes intentions, touchez ce cœur barbare. Il ne tient qu'à vous de changer en agneaux les lions rugissans. » Après cette prière, elle revint plus calme près de sa mère. Elle savait que son époux existait, et elle se flattait que son persécuteur n'oserait pas trancher ses jours, et que sa lettre l'attendrirait. Que lui mandait-elle, vous le saurez un jour.

A minuit, elle éprouva un saisissement qui lui ôtait la respiration. « Il est venu, disait-elle; il a trouvé ma lettre, il la lit dans cet instant. O mon Dieu, donne à cet écrit la puissance d'attendrir mon

persécuteur, celui de mon bien-aimé. Mais puis-je m'en flatter ? oui, mon Dieu, si tels sont vos décrets; car vous savez donner la force à la faiblesse même. »
Elle avait demandé à sa mère la permission de se retirer; elle s'était mise au lit de bonne heure. Cependant, ne pouvant se défendre d'une violente émotion, elle avait demandé à sa fidelle nourrice de passer la nuit dans sa chambre. « Je ne me trouve pas bien ce soir, lui dit-elle; faites placer votre lit près du mien. » Madame Roberson ne se coucha pas; elle craignait que sa maitresse ne fût plus souffrante dans la nuit. Elle s'endormit pourtant, et à son réveil elle fut fâchée de voir que sa nourrice avait passé la nuit debout. Elle se reprochait de l'avoir inquiétée sur son état, et lui fit promettre qu'une autre fois elle ne veillerait pas.

Milady Wilz se leva de très-bonne heure, fit encore demander la clef de la chapelle, et elle y descendit, non sans un sentiment de crainte. Elle jeta les yeux sur l'autel ; elle vit que sa lettre avait été enlevée, et qu'on y avait répondu par un second billet, dans lequel on prenait l'engagement sacré de respecter les jours d'Edgard. Qui avait pu opérer ce changement dans l'âme de cet homme ? c'est ce que nous saurons plus tard.

Henriette éleva ses mains au ciel, et lui rendit grâce de l'avoir inspirée, et après avoir prié long-temps pour son époux et pour l'enfant de son amour, elle rentra au château, et vint trouver sa mère, qui déjà l'avait cherchée, parce qu'elle était inquiète sur sa santé : elle vit avec plaisir qu'elle paraissait plus calme, et elle lui proposa de faire une promenade sur le Tam ; Henriette n'osa pas lui dire qu'elle craignait d'y rencontrer l'homme au javelot, et elle se disposa à suivre sa mère. Barkler qui venait d'arriver, et quelques gentilshommes du voisinage, accompagnèrent ces dames, qui parcoururent environ huit milles de rivière.

Après avoir suivi dans son cours les belles prairies d'Herefort, le Tam passe sur un lit de sable, ses bords sont arides, et quelques arbres servent d'abri à de chétives cabanes. Ce pays avait été dévasté lors des guerres de Richard, et les habitans qui avaient échappé au carnage avaient fui le théâtre de leur calamité. Depuis il s'y était établi quelques pauvres paysans, qui, n'ayant pas le moyen d'acheter des bestiaux, ne cultivaient la terre qu'au moyen de la bêche; ce dont ils avaient essentiellement besoin pour ne pas mourir de faim. Quoique ce hameau ne fût qu'à quatre lieues de Birmingham, il n'était pas enclavé dans le comté d'Herefort, et n'avait point, par conséquent, profité des nombreux bienfaits du comte, de la comtesse et de leur fille. Quelques chèvres broutaient des bruyères entre des roches, qui, autrefois couvertes de bois, n'affligeaient point l'œil par leur rude aspect; quelques enfans, à peine vêtus, les gardaient; ils s'avancèrent vers le bord de la rivière et demandèrent l'aumône. Lady Herefort fut touchée de leur affreuse misère, et proposa de descendre à terre et de visiter ces pauvres voisins. On aborda; les petits chevriers, qui avaient appelé la commisération de la comtesse, se serrèrent autour d'elle, et tendaient leurs petites mains pour recevoir quelques schellings qu'elle avait tirés de sa bourse.

Madame d'Herefort, s'adressant au plus âgé de la troupe, qui pouvait avoir neuf à dix ans, lui dit de la conduire chez ses parens. L'enfant marchait devant lady; Henriette, Barkler et les gentilshommes l'accompagnèrent, et toute la jeune troupe les suivit. On monta un sentier assez roide, et au haut de la montagne on trouva deux cabanes, dont une était fermée; devant l'autre, il y avait une paysanne qui filait de la laine.

Arrivées au but de leur course, ces dames donnèrent encore à leur guide et à ses compagnons tout ce qu'elles avaient de petite monnaie, et elles les virent descendre tout joyeux au bord de l'eau; puis s'adressant à la fileuse, madame d'Herefort lui dit: « Ma bonne, pouvez-vous nous donner du lait? — O mes bonnes dames, ce sera avec grand plaisir, mais nous n'avons qu'une seule écuelle de bois et une cuiller d'étain. Chacun de nous mange l'un après l'autre, quand il peut manger; car nous sommes quelquefois des journées entières sans pain; pour de la viande, il y a bien six mois qu'il n'en est entré dans notre maison: quelques pommes de terre et de la boisson faite avec de l'orge bouilli, voilà toute notre existence. Il y a dix ans que je suis veuve, et mon mari m'a laissé huit enfans dont aucun n'était en état de gagner sa vie. A présent les aînés sont à l'armée, et me voilà réduite à envoyer ceux qui me restent mendier, et ils trouvent rarement des ames charitables qui leur donnent; ce canton est maudit. »

Tout en discourant, Fanny (c'était le nom de la pauvre femme) s'était levée, avait trait deux ou trois de ses chèvres dans la jatte de bois, l'avait posée sur un tronc d'arbre qui leur servait de table. Elle mit auprès environ une livre de pain noir. « Voilà, dit-elle, le pain que nous mangeons; nous n'avons que cela, et nous sommes sept. » Madame d'Herefort posa une guinée sur la table. « Avec cela, ma bonne, vous en aurez d'autre. — De l'or, milady, de l'or; personne dans ce hameau n'en voudrait, on prendrait cette pièce pour un jeton; moi, je connais sa valeur, et en allant à Herefort je la changerai. Ainsi, soyez bénie de votre bonne œuvre; j'ai vu bien des fois de la monnaie d'or, quand j'étais au service de lady Wilz. — Vous avez connu lady Wilz? dit Henriette avec beaucoup d'émotion. — Certainement je l'ai connue, et je connais bien encore ses fils, qui sont de braves seigneurs. Lord Edgard est le plus beau, le plus aimable des hommes; mais il y a long-tems que je ne l'ai vu. — Et son frère? reprit Barkler. — Son frère!» Elle hésita, et dit ensuite : « Je ne sais pas où il est. — On le dit à Calais, reprit lady. — Cela est possible. Ces dames veulent-elles que j'aille au bourg leur acheter quelque chose? — Non, c'est inutile.

Henriette regardait le lit de cette pauvre veuve, qui n'était autre qu'un peu de paille dans une espèce de coffre fait de planches mal jointes; elle tira quelques pièces d'or, et dit à cette infortunée : « Je vous prie, pour l'amour de moi, achetez un meilleur lit; je ne puis supporter sans une vive affliction qu'un être de mon espèce soit plus mal couché que les plus vils animaux. » La bonne femme se prosterna, et dit : « Je savais bien que vous étiez un ange ! — Qui vous l'a dit ? serait-ce Edgard ? — Non, je vous ai dit que je ne l'avais pas vu depuis cinq à six ans.

Comme la comtesse se levait pour aller visiter d'autres cabanes, ces dames virent venir un homme, la figure entièrement cachée dans un chaperon rouge. Cet homme n'eut pas l'air de les apercevoir, et se renferma promptement dans la cabane fermée dont j'ai parlé. « Quel est cet homme, dit lady, qui ne paraît pas de la classe du peuple ? — C'est un être bien plus malheureux que je ne l'étais il y a quelques instans ; car il a de l'or, beaucoup d'or, et il ne peut se procurer le bonheur. Il vit seul dans cette pauvre cabane, qui n'est pas mieux meublée que la mienne, et il passe des journées entières à gémir. — Et vous ne connaissez pas le sujet de ses douleurs ?

— J'imagine que c'est l'amour qui les cause, car il reste plusieurs heures à considérer une petite portraiture qu'il a pendue au col; il lui parle, la baise, répand des larmes, puis entre en fureur, et alors il quitte sa cabane, il en ferme la porte, et traversant la prairie comme le plus léger des daims, il gagne la forêt, et je suis quelquefois quatre à cinq jours sans le revoir; ce qui m'inquiète toujours, car il a l'air si malheureux, que je crains qu'il ne finisse par se tuer. — Comment savez-vous, dit Barkler, qu'il a tant d'or? — Ah! c'est parce qu'il m'en a offert plein ses deux mains, si je voulais lui jurer de faire ce qu'il me commanderait : je ne l'ai pas voulu, parce que j'ai craint qu'il ne demandât quelque chose contre ma conscience. — O vertueuse femme! dit la comtesse, préférer l'affreuse misère où elle est réduite, à la crainte d'être entraînée dans la carrière du vice; le ciel vous devait une récompense pour cette généreuse action, et il m'a choisie pour vous l'offrir. » Elle tira sa bourse, qui contenait plus de cinquante guinées, et pria la veuve de la recevoir; elle l'engagea à venir à Birmingham et à y amener ses enfans, que la comtesse et sa fille les placeraient, soit chez des laboureurs, soit dans des ateliers. Comme il était tard, et que madame d'Herefort remarqua que sa fille paraissait souffrante, elle remit à un autre jour à visiter les autres cabanes voisines de celle de Fanny; elle lui recommanda seulement, en partant, de leur porter les secours les plus urgens, dont elle lui tiendrait compte.

Ces dames allaient regagner leurs barques, quand l'homme de la montagne ouvre sa porte : il était couvert des mêmes armes que l'homme au javelot, il en tenait un dans ses mains, qu'il agitait; il fléchit un genou, et tendit les bras vers Henriette, puis il se releva et s'avança dans le chemin qui conduisait à la forêt. Cette action ne parut à milady Herefort et à ceux qui l'accompagnent que celle d'un fou; ils le plaignirent, et n'imaginèrent pas qu'il eût aucun rapport avec Henriette. Celle-ci reconnaissait dans cet homme bizarre l'homme au javelot, et elle en fut extrêmement tourmentée. Cependant elle garda son secret, même vis-à-vis de sa mère, qui ne s'aperçut pas du sujet de son trouble.

CHAPITRE XXVIII.

On parla, pendant le trajet, de cet homme extraordinaire. « Si je n'avais pas la certitude, dit Barkler, que William est parti pour les Grandes-Indes, je croirais que ce pourrait être lui. — Mais comment, dit Henriette, êtes-vous certain qu'il est allé en Asie ? — Par une lettre de lord Herefort au ministre, que j'ai vue, et dont je ne vous ai point parlé, pensant qu'il vous était sûrement désagréable d'entendre le nom de cet homme. Voici comme le grand amiral, alors à Calais, en écrivait au lord Sommerset. Après lui avoir rendu compte de différens objets relatifs à la marine, il ajoute : « J'ai fait ici une singulière rencontre, non que je ne susse que celui dont je vais parler devait y être, mais par la manière bizarre dont il s'est conduit avec moi. D'a-

près les graves sujets de plainte que j'avais contre lord William, il était assez simple que nous évitassions l'un et l'autre de nous rencontrer; car s'il avait mérité ma haine par sa trahison, il devait aussi en vouloir à lady de l'avoir fait exiler; et d'après les obligations que j'ai à son frère, je ne voulais pas avoir avec William aucuns démêlés. Mais quelle a été ma surprise, lorsque, le lendemain de mon arrivée à Calais, j'ai vu entrer chez moi lord Wilz, qui n'affectait ni hauteur ni bassesse; il s'approche et me dit : « Milord, ma démarche, à ce que je
» vois, vous étonne : vous l'interpréterez
» telle qu'il vous fera plaisir. Si vous vou-
» lez que nous nous battions, vous en êtes
» le maître; moi, je n'en ai nulle envie. J'ai
» fait une grande faute, je l'avoue : l'a-
» mour fut mon excuse; et s'il eût été
» partagé, j'aurais réussi, et la reine au-
» rait sanctionné mon mariage; mais mon
» plus grand crime a été d'offenser celle

» que j'adorais. Si vous voulez m'aider à
» réparer ma conduite, à arracher de
» mon cœur un sentiment qui offense
» celle qui l'inspire, peut-être un jour
» vous vous applaudirez d'avoir secondé
» mes desirs, qui tendent tous au bon-
» heur et à la gloire de mon pays. Obte-
» nez de la cour que je parte pour les
» Grandes-Indes ; là, je mettrai à profit
» le peu de connaissances militaires que
» je possède, pour aggrandir nos pos-
» sessions dans ces contrées. On m'a con-
» damné ici à n'être qu'un fardeau inutile;
» faites-moi partir pour Madras, je jure
» de n'en revenir que dans six ans. »

» J'ai pensé, milord, écrivait George au ministre, que je devais vous faire passer cette proposition, que je crois sincère, et qui nous débarrasserait d'un homme, qui ne peut qu'être dangereux s'il n'est pas occupé. » Telle était la lettre du comte au lord Sommerset. Celui-ci m'a dit dans le tems, qu'il avait aussitôt envoyé l'ordre pour faire partir lord Wilz avec des pouvoirs étendus : je ne doute pas qu'il ne soit en mer dans ce moment. — Je le desire vivement, dit Henriette ; mais je voudrais en avoir la certitude. Cet homme me gêne : je trouve que trois à quatre mille lieues entre nous ne sont pas de trop. »

On parla aussi d'Edgard, combien il était singulier qu'on n'en eût aucunes nouvelles. Henriette seule savait qu'il existait ; mais dans quel lieu ? est-ce en Angleterre ou en Ecosse ? Elle ne doutait pas que l'homme qu'elle avait vu entrer dans la cabane ne fût le même que celui au javelot : ce n'était point Stanley, il était à Halifax, et on l'y voyait chaque jour. On l'assurait que William n'était pas revenu en Angleterre avant de partir pour l'Asie. Qui est-il donc cet homme mystérieux dont dépend la vie de son époux, et qui lui défend de trahir son secret ? Cependant il n'est pas sans pitié, elle n'en peut douter ; il s'est laissé toucher, et un seul mot qu'elle lui a écrit a suffi pour enchaîner sa vengeance ; mais elle n'est peut-être que suspendue ; dans quelques mois, Henriette, tu seras peut-être plus malheureuse encore..... Pauvre Henriette, que ton sort est affreux ! On te force à souffrir seule, on ne te laisse pas la triste consolation de répandre tes larmes dans le sein de ta mère. La tendresse maternelle, si habile à soulager les douleurs que ressent un enfant chéri, ne peut te servir ; tu as juré de te taire, tu crains que les échos des tours de Birmingham n'apprennent à cet homme cruel que tu as parlé, et qu'il ne s'en venge sur ton époux ! Et toi, Edgard, quelle doit être ta douleur ! Tu connais son tyran, tu sais ce que tu dois en attendre. En vain tu formas des projets pour te soustraire à sa puissance, aucun ne peut être tenté sûrement. Ton fidèle Cramps est-il avec toi ? ton persécuteur t'a-t-il au moins accordé cet adoucissement à tes profondes douleurs ? Telles étaient les pensées qui tourmentaient Henriette. Fanny était venue plusieurs fois au château, et Henriette lui parlait toujours d'Edgard, de William et de l'homme de la montagne.

Depuis un mois, celui-ci était absent, et Fanny en était bien aise. « Il me fait peur, disait-elle ; son regard est si farouche, sa parole si brusque ! Depuis le jour que j'ai refusé ses perfides bienfaits, il m'a pris en haine ; mais comme je le crois méchant, j'aime mieux qu'il me haïsse que de m'aimer : l'aversion d'un homme pervers est moins dangereuse que son amitié. Cependant, ajouta-t-elle, il m'a paru étonné que je fusse tout-à-coup sortie de l'indigence. Il m'a parlé de vous, miss, et de milady en termes fort respectueux. Mais en vain j'ai voulu pénétrer qui il est, je n'ai pu y réussir. Quelquefois je crois l'avoir connu; puis tout-à-coup je ne lui trouve aucuns rapports avec celui que je soupçonne être cet homme extraordinaire. Enfin, si vous voulez que je vous le dise, je voudrais qu'il ne revînt pas dans nos cantons. »

Plusieurs mois se passèrent; lord Heréfort avait reçu de sa femme la confirmation de sa grossesse; il maudissait l'ambition qui le retenait loin d'elle, dans un instant où il aurait été si heureux d'adoucir par ses soins les souffrances attachées à son état. Il parlait aussi d'Henriette, l'assurait aussi que quand même il aurait un fils, elle ne lui serait pas moins chère. Enfin il écrivait en homme qui jouissait de la plus grande félicité; il était bien loin de savoir ce qu'elle coûtait de trouble et d'effroi à sa femme et à sa fille, qui en voyant approcher le moment, en sentaient plus vivement le danger. Henriette que le contour de sa taille aurait trahie, ne quittait plus son lit que la nuit, quand tout dormait dans le château ; on croyait qu'elle était sérieusement malade, tandis qu'on ne cessait de féliciter la comtesse sur sa brillante santé, qui devait faire espérer qu'elle aurait un fils.

CHAPITRE XXIX.

L'homme au javelot était revenu sur la montagne, et sa tristesse paraissait encore accrue, à ce que disait Fanny. On peut imaginer que la privation de voir Henriette y entrait pour beaucoup; car depuis que celle-ci ne sortait plus de son appartement, il n'avait aucun moyen de l'apercevoir, ou du moins on le croyait. Cependant, il se répandit que l'on avait vu sortir de la chapelle une grande fumée, et qu'on y entendait des bruits qui inquiétaient tous ceux qui demeuraient du côté de ce bâtiment. Henriette ne douta pas que c'était l'homme de la montagne, et elle avait demandé à sa mère de faire coucher son écuyer dans une chambre voisine de son appartement, et madame Roberson dans son alcove, et tout cela ne la rassurait que médiocrement.

Enfin les bruits cessèrent, on ne vit plus de fumée; et, à l'exception d'Henriette, tous se rassurèrent.

Une nuit, que le sommeil le plus profond tenait enchaînés et la nourrice et l'écuyer, Henriette crut entendre marcher dans la galerie; elle appelle madame Roberson; elle veut qu'elle réveille Edmond, mais c'est inutilement; et au moment où elle allait se lever, on ouvre doucement la porte, et elle voit le même homme qui lui avait apparu dans la barque sur le Tam; il a la même armure, son casque est baissé; il s'avance vers son lit, et lui fait signe de garder le silence. Elle se croit perdue; mais il s'arrête, comme pour la considérer à loisir, se jette à genoux, joint les mains comme pour prier, s'approche encore, et garde toujours le silence. Henriette le rompt, reproche au chevalier son manque de foi : il avait promis de la laisser un an tranquille, et à peine six mois se sont écoulés, qu'il recommence ses persécutions; que pour elle, elle était décidée à lui tenir la parole qu'elle lui a donnée; mais qu'elle le supplie de la laisser en repos jusqu'au jour indiqué. Il l'écoutait sans donner aucune marque de dépit. Enfin il ôte une bague de son doigt, fait signe à Henriette qu'il veut la changer contre celle qu'Edgard lui a donnée. Elle jure qu'elle mourra plutôt que de lui faire ce sacrifice. Il s'avance encore, et exprime par ses gestes que, si elle ne consent pas à ce qu'il demande, c'en est fait d'Edgard. Mais si Edgard sait qu'elle a donné son anneau nuptial, que pensera-t-il? Elle se décide donc à le refuser; mais il redouble d'audace, se saisit de sa main, lui enlève ce gage de l'amour de son époux, et aussitôt il disparaît. Il lui sembla qu'il n'avait point repris le chemin de la porte, que le plancher s'était ouvert sous ses pas. Que ne croit pas une imagination frappée? Mais que lui importe la route qu'il a suivie? il ne s'est pas moins emparé de l'anneau, qui était la seule preuve qui lui fût restée de son mariage; il l'emporte, et elle n'a pu réveiller ceux qui devaient la défendre; elle commence à soupçonner que l'on a mêlé dans leurs alimens un narcotique. Comment ce scélérat a-t-il donc pu pénétrer jusqu'à elle ? quels sont ses complices ? il faut qu'il en ait, puisqu'il peut ouvrir et fermer les portes sans les briser. Mais quand elle connaîtrait ses moyens, elle ne peut plus espérer de bonheur. Il lui a pris sa bague, il la portera à Edgard, et celui-ci en mourra de douleur. L'anneau qu'il lui a laissé en place de celui d'Edgard est beaucoup plus beau; mais que lui importe sa richesse ? une simple bague de cuivre, où le nom de son époux serait gravé, lui serait mille fois plus précieuse que tous les diamans du grand Mogol.

Elle ne put fermer l'œil de la nuit; et

enfin, aux premiers rayons de l'aurore, elle parvint à réveiller mad. Roberson, et l'envoya aussi réveiller Edmond. « Je veux, dit-elle, aller à la chapelle; vous y viendrez l'un et l'autre. » Ils répondirent tous deux qu'ils sont à ses ordres. Edmond va chercher les clefs. Pendant le temps qu'il met à les apporter, elle écrit quelques lignes, elle place sur son sein le papier qui les contient; l'écuyer revient, ils partent. Henriette s'appuie sur le bras de sa nourrice, et Edmond les précède; il ouvre la chapelle, la lampe est encore allumée; ils voient dans l'ombre une figure qui se précipite sur l'escalier qui conduit au caveau; la trappe est restée ouverte.

Edmond, qui ne consulte que son courage, court après le fantôme, descend les mêmes degrés; la nourrice et Henriette n'osent les franchir, elles s'avancent seulement au bord de la trappe; miss y jette son billet, portant aussi, comme le premier, pour adresse : *A l'homme au javelot ;* et elles attendent Edmond. Il fut plus d'une heure sans qu'elles le vissent reparaître. Enfin il revint ; il avait en effet entendu fuir devant lui ; mais la rapidité de sa course avait fait éteindre la lanterne qu'il portait, et il s'était trouvé dans les plus épaisses ténèbres. Alors une voix, qui lui avait paru celle des enfers, lui avait adressé ces paroles : « Cesse de me poursuivre, téméraire, ou tu tomberas dans un abîme dont tu ne sortiras jamais ; remonte vers Henriette, dis-lui qu'elle se souvienne de sa promesse, que je tiendrai la mienne. Que le plus profond secret sur mon apparition soit gardé, elle sait qui sera la victime de son indiscrétion. » — « Je faisais, ajouta Edmond, les plus violens efforts pour chercher à saisir celui qui me paraissait très-près de moi ; mais je n'ai pu y parvenir, et, après quelques momens de silence, une trace lumineuse me l'a fait apercevoir presqu'au bout de l'avenue; et pensant à l'inquiétude que vous pouviez avoir, j'ai suivi la grande galerie que je savais n'avoir pas quitté; j'ai enfin trouvé la porte du caveau, et non sans me heurter contre les tombes des seigneurs de Birmingham, je suis arrivé au pied des degrés, que j'ai franchis rapidement. J'ignore si l'être qui m'a parlé est de mon espèce, ou d'un ordre surnaturel; mais ce que je sais bien, c'est que je me suis trouvé à sept batailles rangées et à un grand nombre de rencontres, et que jamais je n'avais éprouvé le sentiment de terreur que la voix de cette créature mystérieuse m'a fait ressentir. Il n'a pas besoin de craindre que je révèle cette aventure, j'aurais trop peur d'offenser sa seigneurie. Mais il paraît, milady, que vous le connaissez. — Non, je ne sais qui il est; il m'a apparu plusieurs fois et ne s'est jamais fait connaître..... » A ce moment la trappe se referma comme à l'instant du mariage d'Henriette, la chapelle fut remplie d'une fumée sulfureuse: et milady, cédant aussi à une frayeur involontaire, regagna son appartement, où elle ne pouvait être certaine d'être en repos, qu'autant que le persécuteur d'Edgard et le sien le voudrait, puisque toutes les portes s'ouvraient à sa volonté.

Madame Roberson était persuadée que c'était un fantôme, Edmond, que c'était un sorcier. Pour Henriette, ne doutant point que ce ne fût un amant déloyal, elle ne pouvait dire précisément qui il était. Elle fut cependant entièrement débarrassée de lui, pendant les deux derniers mois de sa grossesse.

Madame d'Herefort éprouvait aussi les plus vives alarmes. Le lord annonçait chaque jour son arrivée à Birmingham. L'important traité dont il était chargé, semblait vouloir se terminer. Il ne perdrait point, disait-il, un seul instant pour se rendre près de sa compagne; il voulait être au moment des couches, et milady n'avait pas de prétexte pour éloigner son retour. Il eût fallu mettre la reine dans la confidence; combien cela pouvait avoir de danger ! Il ne lui restait que de se confier à la Providence, qui la servit mieux que n'eussent fait les hommes.

Au moment où on croyait que le traité allait être signé, de nouvelles difficultés s'élevèrent; le lord Herefort eut ordre de quitter la cour d'Ecosse et de passer en Danemarck sans perdre de temps. La crainte qu'aurait l'Ecosse de voir les puissances du Nord se réunir, pouvait seule décider enfin à l'acceptation du traité, auquel on apportait toujours des longueurs. Il en écrivit à lady avec la plus vive douleur, maudissant ses chaînes qu'il ne voulait pas rompre; l'idée qu'il aurait un fils lui rendait sa charge plus précieuse, dans l'espoir de la lui transmettre un jour. Ces nouvelles qui, dans toute autre position, eussent affligé très-vivement la mère et la fille, leur causèrent au contraire une grande satisfaction.

La chose la plus embarrassante était la différence du temps où sûrement Henriette serait mère, et celui où lady serait censée l'être. Ces époques étaient à près d'un mois de distance, et cela pouvait avoir de grands inconvéniens. Madame d'Herefort qui n'avait nulle idée des apparitions, et qui, par conséquent, regardait les souterrains comme la retraite la plus sûre, proposa à sa fille de faire un pèlerinage à l'abbaye de Saint-Elfège, comme pour le rétablissement de sa santé; et on annonça ce voyage comme devant durer un mois ou six semaines. Madame Roberson et Edmond devaient l'accompagner. Elle partirait à cheval, enveloppée dans une cape, et arrivée près Saint-Elfège, à l'entrée d'un bois qui se trouvait au bas d'une montagne très-roide, sur laquelle est située l'abbaye, elle mettrait pied à terre, et renverrait ses chevaux et ses gens de livrée. Edmond ferait venir d'autres montures dont elle se servirait lorsque la nuit serait venue, pour se retirer dans les souterrains par l'entrée connue seulement d'eux et d'Edgard. Madame Roberson et Edmond ne la quitteraient pas; la nourrice trouverait le moyen d'avertir madame d'Herefort dès qu'Henriette sentirait les premières douleurs, pour que sa mère vînt la trouver, et celle-ci resterait avec elle jusqu'à la naissance de l'enfant; et le moment où on supposerait devoir être celui où madame d'Herefort serait censée accoucher, étant venu, Henriette paraîtrait revenir de son voyage, ainsi que madame Roberson, laissant son enfant sous la garde d'Edmond, et allant chaque jour lui donner à téter et lui rendre les soins que son âge exigeait; que le jour venu où on devait croire milady au moment d'être mère, l'enfant serait apporté dans la chambre de son aïeule, où personne n'entrerait que le chirurgien que l'on mettra alors dans le secret et la nourrice. Ce plan, assez sagement conçu, n'était pas sans beaucoup de danger; Henriette ne devait-elle pas craindre de rencontrer l'homme au javelot; mais dans l'extrémité des maux qui l'accablaient, il fallait bien choisir les moins dangereux.

CHAPITRE XXX.

La crainte d'être surprise fit devancer de quelques jours celui de la naissance du fils d'Edgard. Avec quelle douloureuse inquiétude Anna vit sa fille monter à cheval! elle avait beau se dire: A l'époque où ma fille est parvenue, cet exercice ne peut être dangereux; mais qui répondait qu'elle ne serait pas surprise en route par les douleurs; alors, que deviendraient toutes les précautions prises pour que ce secret ne soit pas divulgué? Les gens qui l'accompagnent n'ont aucun doute de son état; mais si les douleurs lui prennent au milieu du chemin, la mère et l'enfant sont perdus. Le ciel protégea lady Wilz; elle arriva sans le moindre accident au pied du mont Saint-Elfège. Là, comme il était convenu, Edmond renvoya les gens qui avaient accompagné sa maîtresse, sous prétexte que les chevaux qui les avaient amenés, ni tout autre, ne pouvaient gravir cette côte presqu'à pic.

Madame Roberson proposa, avant que l'on fût censé la monter, de se reposer dans le bois qui était charmant. Elle fit ouvrir une cantine dont on donna une partie aux piqueurs, qui remontèrent à cheval et s'éloignèrent du bois. Alors Edmond laissa milady sous la garde de mad. Roberson, alla chercher trois chevaux qu'il avait achetés la veille dans une ferme voisine. Il se hâta de venir rejoindre Henriette et sa compagne, qui, pendant son absence, avaient éprouvé une grande frayeur.

Elles étaient restées assises à la même place où elles avaient déjeuné, quand elles virent venir de fort loin, car on s'était peu écarté de la grande route, pour ne pas risquer de se perdre dans un bois qu'ils ne connaissaient pas; elles virent donc de loin un homme à cheval : d'abord elles crurent que c'était Edmond; mais ne voyant qu'un cheval, elles commencèrent à craindre que ce ne fût l'homme de la montagne, et pour cette fois, elles ne se trompaient pas. « Qu'allons-nous devenir ? dit madame Roberson, il me tuera et il vous enlèvera. — J'espère que non. » En effet, l'inconnu étant arrivé à une certaine distance, descendit de cheval, l'attacha à une branche, puis il s'appuya contre un arbre, les bras croisés, son manteau enveloppait sa taille, et son chapeau était tellement rabattu, qu'il était impossible de distinguer ses traits. Henriette, immobile de crainte, se cachait le visage dans le sein de sa compagne. Cependant, l'homme au javelot, car il n'y a aucun doute que c'était lui, ne fit aucun mouvement qui pût inspirer la terreur; il paraît n'être venu là que pour s'enivrer du bonheur de voir milady, et juger de l'état de sa santé. Mais qui lui a dit qu'elle devait être à telle heure, tel jour dans le bois de Saint-Elfège? Quel est son espion, ou est-il sorcier, comme le prétend Edmond? Mais qu'il prenne garde, car, comme l'a dit un auteur du siècle des lumières, les juges qui, dans ce temps-là n'étaient pas sorciers, auraient fort bien pu le faire hars (1) en place publique. Cette scène muette était fatigante pour l'un et l'autre. Cependant Henriette n'était pas d'humeur cette fois de rompre le silence; il dura plus de deux heures, et il ne finit que par l'arrivée d'Edmond. Dès que l'inconnu le vit, il remonta à cheval, et s'enfuit à bride abattue. « Qui court si vîte? dit Edmond. — Hélas! je crois que c'est le même homme de la chapelle de Birmingham; car il ne s'est point montré et il a encore moins parlé. Dès qu'il vous a vu, il a disparu. En vérité,

---

(1) Brûler.

je ne conçois pas quelle jouissance on peut trouver à regarder une femme sans lui dire un mot; enfin c'est beaucoup qu'il se borne là. Comme le jour était peu avancé, il fut décidé que l'on dînerait, que l'on dormirait tour à tour pendant quelque temps, et qu'ensuite on se mettrait en route quand on ne distinguerait plus les objets.

Henriette souffrait; l'idée d'Edgard prisonnier, privé peut-être de ce que la civilisation a inventé pour rendre la vie supportable, dont on jouit sans s'en apercevoir, et qui ne peut manquer sans être fort sensible, la suivait sans cesse. Ah! que ne peut-elle partager sa prison? mais, vain espoir, pouvait-elle obtenir cette faveur de leur mortel ennemi, dont elle supporte la présence avec une peine extrême. Cependant il ne parut plus de toute la journée, et, comme il était convenu, on reprit à la chute du jour le chemin de Birmingham.

Quel fut l'étonnement d'Henriette, quand l'homme de la montagne parut avec six autres parfaitement montés et armés, qui l'escortèrent toute la route, sans que l'inconnu se permît de proférer une parole. A la sortie de la forêt, il salua respectueusement Henriette, rentra dans la route, et laissa madame Wilz prendre celle des souterrains. Quoiqu'il fût très-certain que l'homme au javelot n'avait suivi Henriette avec ses gens que pour lui servir d'escorte, dans la crainte que des brigands ne la rencontrassent, sa présence avait extrêmement gêné milady et ceux qui l'accompagnaient, et ils avaient gardé, ainsi que l'inconnu, le plus profond silence.

Voilà encore Henriette traversant ces longues galeries où elle avait vu, pour la première fois, son amant, son époux, où elle avait rêvé le bonheur qui l'avait fuie depuis cet instant, et où elle va donner la naissance à l'être infortuné qui ne connaîtra jamais son père, et qui ne la regardera jamais comme sa mère. « Ah ! si à l'instant de sa naissance mon Edgard échappait à la surveillance de son tyran, s'il venait se réunir à moi, s'il bénissait son fils ; hélas ! je forme des vœux inutiles, et je suis condamnée à languir loin de ce que j'aime. »

Edmond avait préparé dans une salle des souterrains, une chambre commode pour milady Wilz et sa nourrice, un lit excellent et tous les meubles qui étaient nécessaires ; il logeait près de la fille de sa maîtresse, il veillait sur elle avec la tendre sollicitude d'un père.

Deux jours s'écoulèrent encore, et le troisième, Henriette ressentit des douleurs dont elle n'avait nulle idée. Sa nourrice, certaine qu'elles précèdent de peu de temps la délivrance de lady, engage Edmond à monter au château pour avertir Anna. Celle-ci n'était point encore couchée, mais elle avait soin chaque jour d'éloigner de sa chambre ses femmes, afin qu'elles ne vissent pas Edmond, s'il venait l'avertir que sa fille souffrait, et la demandait. Milady suivit aussitôt Edmond.

Madame Roberson, fort embarrassée, ne savait guère ce qu'elle deviendrait, si l'accouchement était pénible ; elle n'a, dans cet art, que des connaissances bornées ; mais Henriette avait déclaré qu'elle ne voulait point que le chirurgien sût qu'elle était mère. La nourrice fut plus rassurée quand elle vit arriver lady Herefort, et le ciel qui protégeait en cet instant la mère et la fille, accorda à cette dernière les forces suffisantes pour donner le jour à un fils qui annonçait une santé parfaite. Milady Wilz le présenta à sa mère, et lui dit : « Voici votre fils ; qu'il vous doive, ô ma mère ! bien plus qu'à moi ; car, que peut être la vie, si on est condamné à languir dans l'obscurité ? » Anna l'assura qu'elle aurait pour son fils des entrailles de mère, et lui apprendrait à la chérir et la respecter comme une sœur qui pouvait un jour la remplacer.

Madame d'Herefort ne resta que peu de temps auprès de sa fille, pour que l'on ne s'aperçût pas, dans le château, qu'elle était descendue dans les souterrains. Edmond était allé reconduire sa maîtresse, et Henriette, restée seule avec sa nourrice, donnait son sein à l'enfant de son amour, lorsque la porte de sa chambre s'ouvre, et l'homme au javelot parut. Milady Wilz, frappée de l'idée que l'inconnu venait pour lui enlever son fils, le serre contre son cœur, et fait signe, à l'homme qui la poursuit sans cesse, de s'éloigner ; au contraire, il s'avance, mais rien n'annonce qu'il ait des desseins dangereux : son chaperon lui couvre le visage, on ne peut reconnaître sa voix, il ne parle pas, et s'approche du lit ; Henriette couvre son fils de son corps, l'inconnu joint les mains, comme pour demander une grâce, et s'approchant assez pour toucher l'enfant, il paraît le bénir et s'éloigne aussitôt, laissant milady et madame Roberson dans une extrême surprise. La nourrice craignait que l'effroi que causait toujours à sa chère maîtresse l'apparition de cet homme extraordinaire, ne lui eût fait mal, dans une situation où les révolutions sont si dangereuses; mais le ciel qui réservait Henriette à de plus rudes épreuves, permit que la santé de lady n'en fût pas altérée.

CHAPITRE XXXI.

« Quel intérêt, se disait Henriette, l'homme au javelot peut-il prendre à mon fils; pourquoi, en rendant son père et sa mère si malheureux, a-t-il paru appeler sur leur enfant les bénédictions du ciel ? s'il désire son bonheur, pourquoi lui refuse-t-il celui qu'il peut lui procurer ? qu'il me rende mon époux, dussé-je aller habiter avec lui et mon fils la plus sauvage des Orcades, je me trouverais heureuse, mon enfant le serait aussi; car ignorant les jouissances de convention, il n'aurait besoin que de celles de la nature; mais enfin je le verrai cet homme tout à la fois cruel et bizarre; je le peux à présent sans crainte, ma vie ne répond plus de celle de mon enfant, et je puis mourir; mon fils sera aimé, protégé par son aïeule; il portera le nom de mon père, aura tous ses biens; sa carrière est tracée, et elle l'est d'une manière brillante, je serai donc libre de terminer la mienne. » Et persuadée, quoiqu'à tort, de la justesse de ses raisonnemens, elle attendait sans effroi l'époque où elle avait promis à l'homme au javelot de venir la trouver dans les souterrains, bien décidée à éviter l'infamie par la mort; car il faut savoir que la lettre qu'elle avait posée sur l'autel de la chapelle abandonnée, qui avait suspendu l'effet des menaces de l'inconnu, lui apprenait que son époux l'ayant laissée enceinte, elle demandait, au nom sacré de la nature, à celui qui tenait en ses mains la vie d'Edgard et la sienne, car le même coup les terminera, d'attendre que son enfant fût né; qu'elle lui donnait sa parole que, deux mois après ses couches, elle se trouverait au rendez-vous indiqué. On a vu qu'il avait répondu qu'il se contentait de cette promesse, et que depuis, si la passion dont il était dévoré l'avait quelquefois rapproché d'elle, il n'avait jamais fait connaître qui il était, et n'avait pas même proféré une parole, et que l'enlèvement de l'anneau d'Henriette était la seule violence dont il lui eût donné sujet de se plaindre; que dans toutes les autres circonstances il s'était montré soumis et respectueux; que c'était sûrement un grand seigneur et fort riche, puisqu'il payait magnifiquement ceux qu'il employait, et qu'il en avait donné la preuve dans les offres qu'il avait faites à Fanny. Enfin tout paraissait énigmatique dans la conduite de cet homme, dont l'habitation dans une pauvre cabane, lorsqu'il pouvait se procurer toutes les jouissances de la vie, ne pouvait tenir qu'à un cerveau malade. Et en effet, qu'est-ce que les passions portées au dernier degré, si ce n'est une véritable démence.

Déjà Richard, c'était le nom du nouveau-né, donnait l'espérance qu'il s'éleverait facilement, et comme il était très-fort, on se décida à avancer de quinze jours l'époque de sa naissance. Depuis long-temps le chirurgien était prévenu, sa discrétion avait été achetée par un contrat de 3000 livres de rente, somme alors très-considérable. Une femme de chambre, qui avait été élevée par milady Sommerset, et qui n'avait jamais quitté la comtesse d'Herefort, se prêta à tout ce que voulut sa maîtresse, pour qui elle avait un attachement extrême ; ce qui fut assez singulier, c'est que ni cette fille ni l'accoucheur ne surent à qui était l'enfant ; madame Roberson et Edmond le savaient seuls ; la première devait l'apporter dans la chambre de milady, en traversant la chapelle et passant les galeries qui y communiquaient.

Depuis trois jours, Henriette était censée revenue du pèlerinage de Saint-Elfège, et on la trouvait beaucoup mieux portante ; elle paraissait attendre avec une grande inquiétude le moment des couches de sa mère ; madame Roberson et Jenny étaient censées veiller toutes les nuits, l'une après l'autre, auprès de la comtesse. Enfin, le 1er septembre 1451, à onze heures du soir, lorsque tous les habitans du château étaient endormis, madame Roberson, ayant apporté Richard dans le lit de son aïeule, envoya Edmond réveiller le chirurgien, qui parut accourir pour donner à la comtesse les secours de son art, et une heure après, la cloche du beffroi du château, et une décharge d'artillerie, apprirent aux habitans de Birmingham que milady leur avait donné un seigneur, qui succéderait au nom et aux dignités du grand amiral; et avant le lever du soleil, toutes les cours étaient remplies par ces bonnes gens, qui venaient prendre part à la joie de leur dame. Seulement quelques-uns disaient : c'est dommage pour miss Henriette, la voilà bien déchue de sa grande fortune ; lord Stanlay est peut-être content à présent de ne l'avoir point épousée, car son frère aura tout. C'est malheureux, disaient d'autres, elle si bonne, si généreuse, elle aurait rendu les habitans aussi heureux que son père et sa mère l'ont toujours fait ; qui nous dit que cet enfant qui vient de naître vaudra Henriette ? Et personne n'avait le moindre soupçon de la vraie mère de Richard, dont on louait la générosité, s'étonnant seulement de lui voir faire de si douces caresses à ce frère qui la ruinait, et de paraître enchantée de sa naissance. L'enfant ne devait être porté au baptême qu'au retour de lord Herefort, que l'on attendait de jour en jour, et heureusement son arrivée se différa assez pour qu'il parût naturel que milady fût rétablie, et que l'enfant fût déjà assez fort.

On n'avait point retenu de nourrice, parce que milady avait annoncé qu'elle voulait nourrir l'enfant qu'elle portait ;

mais au bout de deux jours, on dit que n'ayant pas de lait, et ne voulant pas toutefois se séparer de son fils, et le confier à des mains étrangères, ce serait la bonne madame Roberson, la nourrice d'Henriette, qui l'élèverait au lait de vache. En conséquence, elle vint coucher dans un cabinet qui se trouvait entre la chambre de la comtesse et celle de sa fille; et celle-ci continua, dans l'ombre du mystère, à nourrir son fils, sans que personne s'en aperçût, tant elle mettait de soins à dérober aux yeux de tout ce qui l'entourait, ce qu'elle faisait pour un enfant qui lui était si cher.

La mère et la fille voyant enfin que le ciel les avait protégées, commençaient à respirer, et à se flatter que peut-être un jour il leur rendrait Edgard.

Le comte était enfin de retour; il apprit, en entrant dans le port, que la comtesse était accouchée d'un garçon; il vole à Birmingham, sans se donner le temps de faire sa cour à la reine, tant il est empressé de voir son fils et sa femme. Il les trouva l'un et l'autre en parfaite santé, celle d'Henriette moins mauvaise, et il admira avec quelle tendresse celle-ci prodigue ses soins à son frère. Elle le tient sans cesse dans ses bras, le couvre de baisers. « Voyez, mon père, dit-elle, comme il est beau, il vous ressemblera. » Et le comte ne savait comment témoigner à sa fille sa reconnaissance des sentimens généreux qu'elle témoigne à son frère. Ce fut elle qui fut marraine de l'enfant, avec sir Barkler; et les distributions de blé, d'habits et d'argent à tous les pauvres habitans, furent la plus belle fête que l'on eût pu faire pour la naissance de ce riche héritier.

Henriette avait supplié sa mère qu'il n'y en eût point d'autres. Elle adorait son fils, mais pouvait-elle oublier le père? Le soir de ce jour mémorable, le comte remit à sa fille une donation de cinq cent mille francs de notre monnaie. « Il n'est pas juste, dit-il, que celle qui, jusqu'à ce moment, a été regardée comme l'héritière de la maison d'Herefort, soit tout à coup entièrement dépouillée, et puisse être un jour sous la dépendance de son frère, et forcée d'attendre de sa générosité une faible portion de son immense fortune. Je veux, ma chère Henriette, puisque je n'ai pu vous marier, qu'au moins vous ayez, de ce moment-ci, un revenu indépendant que rien ne pourra vous enlever; et si un jour, lorsque je ne serai plus, Edgard reparaissait, et qu'il fût encore l'objet de votre affection, au moins, cette somme serait votre dot. » Henriette fut plus sensible à ce témoignage de bonté de son père, qu'elle ne l'était aux dons qu'elle recevait de lui. Au nom chéri d'Edgard, elle ne put retenir ses larmes; mais elles étaient douces, son père daignait plaindre son malheur, et lui faire entrevoir qu'il finirait un jour ; elle se flatta que si Edgard pouvait échapper aux fers de son persécuteur, elle obtiendrait le consentement de son père, et qu'elle ne serait point obligée d'attendre, pour déclarer son union, qu'elle eût perdu l'auteur de ses jours, que ses bontés pour elle lui rendaient encore plus cher. Milady était charmée de voir son époux et sa fille contens l'un de l'autre, et se prêtant quelquefois à l'illusion, elle se croyait réellement mère de Richard, qui se fortifiait de jour en jour, et charmait ses parens par les gentillesses de son âge.

La reine avait fait complimenter le comte sur la naissance de son fils, quoiqu'elle n'en fût pas très-satisfaite, par les raisons politiques que nous connaissons. Sa majesté lui demandait si, après avoir joui quelque temps du bonheur de voir l'héritier de son nom, il ne viendrait pas à la cour recevoir les témoignages de satisfaction que le roi lui devait pour le succès de la négociation qu'il avait si heureusement terminée. Il était difficile de n'être pas flatté d'une aussi grande marque de bonté; et le comte répondit à la reine pour l'en remercier et l'assurer qu'il serait aussitôt que son courrier aux pieds de leurs majestés. En effet, il se décida à partir pour Londres; mais il voulait emmener sa femme et sa fille; cette dernière s'en excusa, sous prétexte de la faiblesse de sa santé, et dit qu'elle serait trop inquiète de Richard. « Il a deux mères, disait-elle, ma mère et moi; il est bien juste qu'il lui en reste une. » Le comte, sans se douter que ce que sa fille disait était vrai, ne voulut pas la contrarier, et il fut décidé que le comte et la comtesse partiraient deux jours après.

Henriette avait deux raisons pour ne pas s'éloigner de Birmingham; l'inquiétude qu'elle aurait eue en se séparant de son fils, et l'époque fatale de son triste rendez-vous, qui devait avoir lieu à la fin de la semaine ; comment oser s'éloigner à cet instant ? Elle était bien aise que son père et sa mère fussent absens. « Si je dois mourir, disait-elle, ils ne seront pas frappés de ce triste spectacle ; et je serai ensevelie dans la nuit du tombeau, avant qu'ils soient de retour de Londres. » Cependant elle se disait : « Je sens que je mourrais avec regret, car je ne verrais plus mon fils. »

Anna se sépara de sa fille avec peine. Elle pensait que si Edgard revenait, ce serait alors qu'elle aurait une véritable jouissance, si son mariage était déclaré, de voir ses enfans, les plus beaux de ceux qui composent la cour de la reine, y briller de l'éclat des vertus, du rang et de la fortune ; car Edgard avait reçu de grands bienfaits de la cour. Que lui importe d'y paraître seule ? quel succès peut-elle desirer ? son Henriette n'en profitera plus, et son fils ou plutôt celui de sa fille est encore si jeune, qu'il sera long-temps sans s'embarrasser que ses parens aient ou non la faveur de Marguerite, qui peut-être, quand Richard sera devenu un homme, n'aura plus elle-même de puissance; car qui pourrait prévoir les effets que produiraient un jour les germes de division que l'ambition fomente sourdement, et dont on avait déjà vu des indices, hélas! trop certains.

Cependant la cour était brillante; madame d'Herefort et son époux y parurent avec éclat; chacun s'empressait de les féliciter sur la naissance de leur fils. Marguerite les combla de bontés l'un et l'autre: le roi marqua au comte combien il était satisfait de ses négociations; et le ministre cacha la haine qu'il conservait à Herefort sous des dehors d'amitié, pour le retenir dans le parti de la cour, pour lequel ses biens immenses et sa considération personnelle étaient d'un grand poids. Mais pendant que tout paraît tranquille à Londres, un grand danger menace les jours d'Henriette, que nous allons retrouver à Birmingham.

CHAPITRE XXXII.

Le jour est venu où elle devait revoir l'homme mystérieux. Des détonations se font entendre ; une épaisse fumée s'est échappée à travers les vitraux de la chapelle. Sir Jacques a peur, ce qui n'est pas extraordinaire ; Edmond, le brave Edmond, qui n'a pas suivi sa maitresse, parce qu'elle l'a laissé pour veiller à la sûreté de sa fille, n'est pas très-rassuré : il n'a pas oublié la voix qui lui a parlé dans les souterrains ; il presse toujours Henriette de faire fermer l'entrée de ces voûtes, mais elle répond : « Je conviens que cela serait plus sûr ; mais par où Edgard pénétrerait-il jusqu'à moi, si cette communication était murée. » Elle ne disait pas la véritable raison qui l'empêchait de prendre ce parti ; elle craignait la colère de celui qui, ne pouvant plus parvenir jusqu'à elle, s'en vengerait peut-être sur Edgard; et elle jugeait par les moyens qu'il employait, qu'il était capable de tout, et sans les croire surnaturels, comme presque tous les gens du château, elle les regardait comme des avertissemens des violences où il se porterait, si elle ne tenait pas sa promesse.

Sa résolution prise, elle passa toute la journée en prières, ou à donner à son fils les soins les plus touchans et les plus empressés ; elle le serrait contre son cœur, le couvrait de baisers ; il lui semblait qu'il ne lui avait jamais été si cher. « Pauvre enfant ! disait-elle, je ne te reverrai peut-être plus ; un barbare me forcera à mourir, et tu ne sauras pas que j'étais ta mère ; mais quand je vivrais, le saurais-tu davantage, et ne te laissé-je pas des parens qui me remplaceront près de toi, qui remplaceront mon Edgard ? Edgard, cher et tendre époux, qui te parlera de moi, quand je ne serai plus; qui te dira que celui que l'on nomme mon frère, est le fruit de nos chastes amours ? Si un jour, entraînés dans des partis différens, vous vous trouviez opposés l'un à l'autre; si Richard, méconnaissant son père, tournait ses armes contre lui ; ô mon Dieu ! combien de maux peuvent encore accabler notre famille; si cette nuit je finis ma déplorable vie, je m'épargne certainement de longues et cruelles douleurs; cependant j'emploierai tout ce qui me sera possible pour la conserver, sans manquer à l'honneur.

Depuis plusieurs jours, elle avait fait mettre les clefs de la chapelle, et des galeries qui y conduisaient, dans son appartement. Elle s'était munie d'une lanterne sourde et d'un poignard; madame Roberson et Edmond n'étaient pas instruits de son projet. Son enfant s'était réveillé à onze heures du soir, elle lui donna son sein, et madame Roberson voyant que des larmes coulaient de ses yeux, lui dit : « Quoi ! la source de vos pleurs ne tarira donc jamais, et ne comptez-vous pour rien que le ciel vous ait donné un fils ? — Il m'a privée de son père, de l'ami de mon cœur, de celui en qui j'aurais trouvé dans tous les temps de ma vie des jouissances qui ne peuvent être remplacées. J'aime éperdument Richard ; mais son père l'aimerait aussi, je lui en serais plus chère ; et quand cet enfant aurait acquis l'âge où les jeunes gens ont le plus grand besoin d'être conduits dans la carrière de la vie, qui remplacera auprès de lui l'autorité paternelle ? — M. le comte. — Je désire que le ciel me conserve mon père encore de longues années ; mais les fatigues de la guerre, les chagrins qu'il a éprouvés, ont avancé de beaucoup pour lui les années de la vieillesse : mon père a au plus cinquante ans, et déjà ses cheveux sont entièrement blanchis. D'ailleurs, quand j'aurais le bonheur de le conserver, la vieillesse, toute respectable qu'elle est, ne peut valoir, pour la conduite des jeunes gens, l'âge mûr, qui a plus de fermeté : on ne peut se le dissimuler, rien ne remplace un père auprès de son fils. Et moi, que serai-je pour Richard ? une vieille fille, dont il se croira le maître ; où trouverai-je les moyens de le préserver du torrent qui entraîne une jeunesse présomptueuse. Ma chère Roberson, j'ai la persuasion que mon fils que j'adore, lorsqu'il aura atteint l'âge des passions, fera mon désespoir. — Toujours, toujours vous aggravez vos peines ; je ne sais quel auteur a dit, *que de ne voir dans l'avenir que des sujets d'inquiétude, c'est vendre le présent à vil prix.* Ah ! n'offensez pas la Providence en présageant des malheurs qui n'arriveront pas, loin de lui rendre grâce de tout ce qu'elle a fait pour vous, en vous préservant des dangers qui vous environnaient, et dont vous êtes sortie si heureusement; songez plutôt que Dieu n'a pas fait pour vous ce miracle, pour ne pas continuer à vous protéger, en vous rendant un jour votre époux. Et moi, ne suis-je donc pas aussi séparée du mien, de mon cher Cramps, que j'aime de toute mon âme, et dont le zèle et l'attachement pour son maître a peut-être causé la perte. Eh bien! vous voyez que je prends courage, et que j'espère toujours qu'ils reviendront. »

Henriette ne pouvait comparer ses infortunes avec le chagrin de sa nourrice; est-ce que l'on aime encore à quarante ans? quelles sont les douleurs qui soient comparables à celles que cause l'amour à un jeune et bel objet? elle trouvait que mad. Cramps pouvait aisément se passer d'un mari; mais que pour elle, c'était la plus grande injustice du sort de l'en avoir privée, avant qu'elle eût vu s'accomplir son troisième lustre, et elle ne répondit à sa nourrice que ces mots : « Chacun ressent la portion de sa peine ; la mienne ne peut être allégée par les vôtres, et de tout cela, il en résulte que nous sommes toutes deux fort à plaindre. »

Richard s'était endormi au sein de sa mère ; elle le rendit à madame Roberson, pour le placer dans son berceau, et lui dit : « Je ne veux pas encore me coucher ; dormez tranquillement, ma chère amie, je vous réveillerai, si j'ai besoin de vous. » Elle baisa doucement son fils, dans la crainte de l'éveiller, soupira, et ferma elle-même à clef la porte qui communiquait de sa chambre à celle de sa nourrice, et attendit que celle-ci fût couchée et endormie pour aller trouver l'homme au javelot, qui devait être rendu à minuit dans le caveau funéraire des seigneurs de Birmingham, où il attendait milady Wilz.

Que l'on se figure une jeune femme,

n'ayant pas encore quinze ans, qui n'a fait que mouiller ses lèvres dans la coupe de la volupté; mais dont le cœur est brûlant d'amour, mère d'un fils qu'elle alaite, et qui va chercher la mort pour sauver la vie de son époux, et se conserver pure pour lui; ce que doit éprouver cette créature angélique dans le trajet qu'elle a à parcourir de son appartement au lieu du rendez-vous, dont le choix seul inspire la crainte; c'est au milieu des tombes de ses ancêtres qu'un scélérat l'attend, pour accomplir ses odieux desseins. A peine a-t-elle la force de se soutenir sur ses jambes. La solitude des longues galeries du château, que la faible lumière de sa lanterne éclaire à peine, l'effraie; l'écho des voûtes, qui répète le bruit de ses pas, la fait plusieurs fois retourner en arrière, croyant qu'elle est poursuivie par quelqu'être malfaisant. Elle est tentée de ne pas continuer sa marche; mais elle pense qu'Edgard périra, si elle ne va pas trouver son persécuteur, et alors elle reprend courage, et arrive enfin dans la chapelle. La lampe est allumée, comme la dernière fois qu'elle y est venue; elle jette un coup d'œil douloureux et sur la grille où elle a reçu des témoignages si touchans de l'amour d'Edgard, et sur l'autel où ils se sont juré de s'aimer toujours. « O mon Dieu ! s'écria-t-elle, avoir été si tendrement aimée, et être condamnée à mourir; c'est mon sort, il faut qu'il s'accomplisse. » Elle avance près l'ouverture de la trappe, considère le nombre de degrés qu'elle a à descendre, et elle s'arrête avec effroi, revient aux marches de l'autel, s'y prosterne, prie du plus profond de son cœur, se lève avec courage, pose le pied sur la première marche, et arrive à la dernière, sans presque savoir l'espace qu'elle a parcouru : il semble qu'une puissance surnaturelle l'a forcée de franchir cette douloureuse carrière ; elle jette un regard effrayé sous cette voûte où elle n'aperçoit que des tombeaux, quand tout à coup se présente à elle celui qu'elle cherche et redoute. Hélas ! ses traits ne lui sont point inconnus, et elle est prête en le voyant à perdre entièrement l'usage de ses sens ; elle s'appuie sur le marbre qui recouvre les ossemens d'un de ses pères, et invoque leurs mânes. Cependant cet homme s'approche d'elle de la manière la plus respectueuse et la plus soumise. « Que redoutez-vous, milady, de votre esclave ? maitresse de ma destinée, vous pouvez à votre gré la rendre heureuse ou malheureuse. Consentez à me suivre, votre époux sera libre : votre époux avait-il le droit de l'être ? et lorsque je vous jurerai aux pieds des autels de ne vivre que pour vous, notre hymen en sera-t-il donc plus irrégulier que celui qui vous unit à Edgard, que vous ne reverrez jamais.

— Cruel! c'est ainsi que vous abusez de mon malheur! mais vous, qui avez respecté la vie du fils d'Edgard que je portais dans mon sein, pouvez-vous le condamner à ne voir jamais ce père infortuné? Pouvez-vous me condamner, avant ma quinzième année, à des pleurs éternels, vous que je ne nomme pas pour ne point appeler sur vous la vengeance céleste, quoique je ne puisse douter qui vous êtes, serez-vous donc sans pitié? Voyez avec quel abandon je suis venue vous trouver, pour sauver la vie de mon bien-aimé! rendez-lui la liberté. Faut-il vous jurer de ne le revoir jamais? j'en ferai le serment, dussé-je en mourir de douleur! Au moins, je me dirai : Il est libre, il verra son fils, il consolera ma mère de ma perte. — Que parlez-vous de mourir, madame? moi! je condamnerais à la mort le chef-d'œuvre de la nature! non, non, vivez pour moi. — Pour vous! vous souvenez-vous qui j'ai épousé, et que je suis mère ? — Non, je ne l'oublie pas, et c'est ce qui met le comble à ma fureur. Un autre a possédé vos charmes : c'est un crime que je ne puis laisser impuni, qu'autant que vous consentirez à prendre mon nom et que vous serez à moi. » Et il s'avançait vers elle ; mais par un mouvement plus prompt que l'éclair, il vit briller la lame d'un poignard qu'Henriette posait sur son sein ; et c'en était fait de ses jours, si à l'instant même l'inconnu, qui était le même que l'homme au javelot et celui de la montagne, qui passait de la fureur au plus grand calme, qui jurait de faire mourir Edgard et qui ne l'eût pas osé, dans la crainte qu'Henriette ne le lui pardonnât jamais ; cet homme, dis-je, qui pour son malheur adorait milady Wilz, tomba aux pieds de l'idole de son cœur, lui demanda s'il était vrai qu'elle consentirait à ne plus revoir Edgard, à condition qu'il fût mis en liberté ? — « Je vous le dis, j'en ferais le serment. Mais, en perdant l'espoir de revoir ce que j'aime, j'exigerais aussi que vous renonçassiez à troubler le douloureux repos auquel je me condamnerais. — Moi! renoncer à vous voir! plutôt mourir. Mais écoutez, Henriette; laissez-moi tenter sur Edgard ce que je ne puis obtenir de vous. Vous le savez, il est en ma puissance, et nul ne peut le retirer de mes mains; mais s'il consent à renoncer à vous, et s'il vous permet de me recevoir pour époux, non seulement sa vie sera en sûreté, mais il sera libre. — Jamais Edgard n'y consentira; et d'ailleurs de quel droit, en brisant des nœuds sacrés, se croirait-il permis de m'obliger à en contracter d'autres? Cependant je ne m'oppose pas à ce que vous le lui demandiez; et si vous m'apportez ce consentement écrit et signé de sa main, alors je verrais ce qui me resterait à faire. »

Henriette connaissait assez son époux

pour laisser cette faible espérance à son persécuteur, qui peut-être le déterminerait à se retirer. Elle lui demanda de remettre à Edgard une lettre qu'elle lui avait écrite; il y consentit. Il semblait que le ciel qui protégeait ces infortunés avait attendri le cœur de cet homme barbare. Il demanda à revoir Henriette. « J'y consens, dit-elle, si vous permettez que ce soit dans la galerie qui conduit à la chapelle, en présence de madame Roberson, à qui vous déroberez vos traits; mais si ma santé, ma vie, vous sont chères, ne m'exposez pas encore une fois à l'effroi que j'éprouve à traverser seule les longues galeries du château. » L'homme au javelot consentit à tout ce que voulut Henriette, à condition qu'elle garderait le plus profond secret sur son existence : « car, ajouta-t-il, vous devez savoir que si elle était connue, ce serait fait de moi; mais je ne mourrais pas seul, et j'entraînerais Edgard avec moi dans la tombe. » Henriette comprit alors qu'elle tenait dans ses mains la vie de son ennemi, qu'ainsi elle pouvait être assurée de celle d'Edgard. Avant qu'elle s'éloigne, il entra avec elle dans de très-grands détails sur tout ce qui avait trait à Edgard, à sa manière d'exister, aux soins recherchés qu'il lui prodiguait : elle l'écoutait avec un douloureux plaisir. Enfin il la laissa remonter les degrés, la suivant des yeux jusqu'à ce qu'elle fût parvenue au dernier.

Quand Henriette se trouva seule aux pieds de l'autel, elle crut qu'un songe l'avait abusée. Par quel miracle avait-elle échappé au danger auquel elle avait été exposée? elle l'attribua à la protection de Dieu, qui avait touché le cœur de cet homme qu'elle redoutait cependant beaucoup moins, depuis qu'elle savait qui il était; car elle n'ignorait pas, comme je l'ai dit, que d'un mot elle pouvait le perdre.

CHAPITRE XXXIII.

Miladi Vilz ne s'arrêta point dans la chapelle, craignant que l'homme mystérieux ne changeât de résolution; et elle se hâta de regagner son appartement. Elle appela une de ses femmes pour la déshabiller, se coucha, non sans avoir été embrasser son fils, qu'elle avait craint de ne plus revoir. Sa nuit fut plus calme; Edgard vivait; elle se flattait qu'un jour leur malheur finirait, et l'espérance, don du ciel pour consoler les humains, la berça de ses douces illusions.

Peu de jours après, milord et milady Herefort revinrent à Birmingham, ce qui fut une grande satisfaction pour Henriette. Elle trouva dans sa mère une amie tendre et compatissante, et quoiqu'elle ne pût l'instruire de tout ce qu'elle avait appris d'Edgard, elle avait du moins la douceur d'en parler avec elle; elle osait appeler Richard, son fils; enfin la comtesse allégeait, par sa présence, la plus grande partie de ses peines.

Il y avait une grande nouvelle à la cour; on assurait que la reine était grosse. C'était pour la branche d'Yorck un violent chagrin, et cette nouvelle l'excitait plus que jamais à renverser du trône un fantôme de roi; car, il faut en convenir, le mari de Marguerite n'avait aucune des qualités qui font les grands princes, si ce n'est sa bonté. On attendait donc, avec une grande impatience, pour savoir si ce serait un prince que la reine donnerait à son époux. Cette princesse avait demandé à Anna de lui amener son fils, elle voulait le voir; « Je veux, ajoutait-elle, qu'il soit l'ami du mien. » Et cette circonstance avait encore resserré les liens d'amitié entre la reine et ladi; mais rien ne pouvait déterminer Henriette à abandonner la résolution qu'elle avait prise de ne point quitter Birmingham, soit qu'elle ne crût jamais revoir son époux, soit qu'elle en conservât l'espoir; elle ne se trouvait bien que dans la solitude; souvent même elle se dérobait aux amis de son père, et surtout à ceux que la faveur où était le lord attirait à Birmingham, et restait enfermée dans son appartement, avec sa fidèle nourrice et son fils, qui commençait à former les premiers pas, et à articuler le doux nom de père; mais lorsqu'elle l'entendait, ses yeux se remplissaient de pleurs, car tout alimente une profonde douleur.

Six mois s'étaient écoulés, et elle n'avait pas revu l'homme au javelot. Fanny lui avait dit qu'on n'avait point depuis ce tems aperçu le sauvage de la montagne. Sa cabane était toujours fermée, et elle présumait qu'il était mort. Qui croira que cette pensée fût très-douloureuse pour milady Wilz? Quoi, elle ne trouverait pas un grand bonheur à être débarrassée des poursuites d'un homme qui a des manières aussi bizarres! Il est très-possible que ce fût en effet pour elle un grand bonheur; mais il faut se souvenir qu'Edgard est le prisonnier de l'homme au javelot. Qui sait s'il n'est pas enfermé dans une tour, dont lui seul a la clef? S'il n'a pas révélé ce secret, si Edgard a attendu inutilement la nourriture que son tyran ne peut lui refuser, mais que personne alors ne lui apporterait, que deviendrait cet infortuné livré à toutes les horreurs de la faim? Henriette croyait voir son époux expirant, elle croyait entendre ses gémissemens. Que son impitoyable geolier vive, pour que mon bien-aimé existe, et que nous puissions être réunis !

Un jour que ces pensées l'occupaient, et qu'elle se promenait avec madame Roberson et son fils sur l'esplanade, elle voit tomber une petite boule à ses pieds;

elle la ramasse et est surprise de sa légèreté ; et en effet elle était de liège et paraissait avoir été lancée avec une sarbacane. Henriette l'examine, et elle y trouva un billet ainsi conçu :

« Après six mois d'une maladie cruelle,
» je reviens à la vie. Me refuserez-vous
» le bonheur de vous voir ? Je serai de-
» main avec le jour dans la galerie basse
» qui mène à la chapelle ; c'est au nom de
» l'humanité que je vous supplie d'y venir
» seule ou avec madame Roberson. » —
Hélas ! dit-elle à la confidente de ses douleurs, je me croyais délivrée de l'homme au javelot ; mais voici qu'il vient encore. Vous savez ce qui m'empêche de m'opposer à ces dangereuses visites ; enfin, il faut s'y rendre ; vous viendrez avec moi ; nous laisserons mon fils à Jenny ; mon père et ma mère sont heureusement à Londres. »

On sera peut-être surpris que lady Wilz, non-seulement n'était pas effrayée de ce rendez-vous, mais qu'elle en éprouvait une sorte de consolation ; il lui parlerait d'Edgard, et quelque fâcheux qu'il fût pour elle de ne pouvoir avoir des nouvelles de celui qu'elle aime, que par son persécuteur, encore vaut-il mieux que ce soit par lui que de n'en pas avoir.

Madame Roberson n'aimait pas l'homme au javelot; il lui faisait peur, et elle était persuadée qu'il la tuerait pour enlever Henriette. Cependant elle consent à aller l'attendre avec sa maitresse dans la galerie basse. On ne pouvait pas craindre d'être surpris, personne n'y allait jamais ; Henriette seule la traversait pour se rendre à la chapelle. Aussitôt donc qu'il fit jour, madame Roberson entra chez Henriette qui était éveillée, et elles se rendirent dans la galerie. L'homme au javelot y était déjà armé de pied en cap, costume que madame Roberson n'aimait pas, parce qu'elle était curieuse, et que cet habillement empêchait entièrement que l'on pût reconnaître celui qui le portait; mais ce ne fut pas le seul chagrin de ce genre qu'elle éprouva dans cette entrevue; car l'homme mystérieux s'étant approché de lady Wilz, à qui il avait les choses les plus importantes à communiquer, la pria de faire éloigner un peu sa nourrice; Henriette y consentit; elle eut avec lui une conversation qui dura plus de deux heures, dont madame Roberson n'entendit pas un mot, à son grand regret. Il quitta Henriette en lui donnant les témoignages du plus profond respect; celle-ci était fort émue, mais ne paraissait point avoir à se plaindre de cet infortuné, qu'une passion invincible dévorait et livrait tour à tour au supplice d'être haï de l'objet qu'il adorait, et aux remords causés par les douleurs dont il abreuvait celle pour le bonheur de laquelle il eût donné sa vie, si en mourant il n'eût pas été privé de l'espoir de la toucher un jour. Il avait, en effet, été aux portes de la mort; mais Edgard n'en eût pas été la victime : il avait donné ordre qu'aussitôt après sa mort, on le mît en liberté. Du reste, il assura Henriette qu'il avait pour son époux, tous les égards, les soins qu'il pouvait désirer; que Cramps ne le quittait pas, que sa santé était excellente, mais son opiniâtreté extrême; qu'il ne voulait point consentir à ce qu'il lui demandait, et qu'en conséquence il ne lui rendrait point la liberté. Voilà du moins ce que milady Wilz dit à sa nourrice, qui fut fort aise de savoir qu'au moins son mari existait. « Mais, ajouta-t-elle, à votre place, milady, je m'assurerais de cinq à six hommes qui s'empareraient de cet être infernal, et il faudrait bien qu'il dît où sont lord Edgard et mon pauvre Cramps. — Une trahison ! un guet-apens ! ah! Dieu m'en préserve; mon époux ne voudrait sûrement pas recouvrer sa liberté à ce prix; mais d'ailleurs, quand je n'aurais pas pour cette mesure un éloignement invincible, quel avantage en retirerais-je? suis-je dans la position de réclamer la justice pour me faire rendre Edgard, lorsque je dois cacher à tous les yeux que je lui suis unie par des liens secrets. Il y a des situations si extraordinaires, et la mienne est de ce nombre, qu'il est impossible de bien faire, quelque parti que l'on prenne; il n'en reste qu'un seul, c'est de s'abandonner à la Providence qui sait bien mieux que nous ce qui nous est nécessaire; mais, je le répète, je saurais que le moyen que vous m'offrez me rendrait mon époux, que pour tout au monde je ne voudrais l'employer. » Madame Roberson était fort étonnée de ce que disait Henriette; rarement on peut faire comprendre à un autre ce qu'il ne sent pas; le cœur est l'interprête le plus habile pour tout ce qui tient à la délicatesse. Henriette fut beaucoup plus tranquille depuis cette entrevue, qui se répéta plusieurs fois, sans que personne en eût le moindre doute; et malgré l'antipathie de madame Roberson pour l'homme au javelot, elle garda religieusement son secret. La seule chose qui affligeait Henriette, c'est que son bizarre amant ne se séparait jamais d'elle sans lui demander si elle voulait divorcer avec Edgard, et l'épouser; elle lui faisait toujours la même réponse, et il la quittait au désespoir.

Ce fut vers ce temps que la reine mit au monde un prince que l'on nomma Edouard. Ce fut une grande joie à la cour; mais toute la haine de la branche d'Yorck et de ses partisans se réveilla. Les lords Stanlay et Howard tentèrent inutilement de rappeler dans leur parti Georges Herefort et sir Barkler; mais ils étaient incapables de trahir les intérêts de la reine, qui les comblait de faveurs. D'ailleurs, l'un et l'autre étaient subjugués par Anna, qui ayant oublié le ressentiment qu'elle avait eu contre la reine, était revenue à elle plus tendrement que jamais, et se flattait que son fils, car elle avait fini par se persuader que Richard était réellement né d'elle, que cet enfant, dis-je, élevé en quelque sorte avec le prince, qui était de son âge, finirait par avoir un grand crédit à la cour. Henriette, au contraire, trouvait que la solitude convenait à la disposition de son âme. L'habitude de réfléchir qu'elle avait contractée dès sa plus tendre jeunesse, lui faisait penser que la cour était environnée de périls; elle avait même supplié sa mère de n'y pas conduire son fils.

Des avis que Stanlay faisait passer à Georges le prévenaient que la prétendue tranquillité du duc d'Yorck cachait des desseins importans; et il faisait toujours ce qu'il pouvait pour y associer son ancien frère d'armes.

CHAPITRE XXXIV.

En effet, le duc d'Yorck, qui était retiré dans sa terre de Wigmore, semblait se borner à toutes les jouissances du luxe et de la volupté. Il n'avait chez lui que milady Newill, que l'amour avait ramenée à ce prince et détachée de la reine ; il ne paraissait occupé que d'elle ; quelques amis, qui lui étaient aussi dévoués que Stanlay et Howard, composaient toute sa société ; aussi le croyait-on réellement revenu de toute idée ambitieuse, comme si la naissance du prince de Galles lui eût ôté tout espoir de remonter sur le trône, auquel on peut affirmer qu'il avait des droits sacrés ; ce qui n'était pas une raison d'employer, pour y monter, de toutes les voies la plus vile, celle de calomnier une femme. La reine, il est vrai, avait été neuf ans sans que le ciel lui eût accordé la faveur d'être mère; mais combien d'exemples prouvent que la nature, ou plutôt celui qui la gouverne, se plaît à faire attendre ses dons, pour que l'on en sente davantage le prix. Cependant ces bruits sourds circulaient, et la vue du jeune prince, qui excitait au commencement l'amour des Anglais, leur devenait non-seulement indifférent, mais même lorsque la reine paraissait en public, avec son fils et lord Sommerset, les propos les plus injurieux à la vertu de la reine et à l'honneur du roi, se faisaient entendre.

Lord Herefort reçut une lettre anonime, dans laquelle on lui reprochait d'avoir quitté le parti du duc d'Yorck; on l'invitait à y rentrer. Le grand amiral la porta à la reine, et l'engagea à prendre des mesures sévères contre ceux qui osaient machiner dans l'ombre contre l'autorité royale, autorité qu'Herefort savait bien n'être pas légitime; mais il redoutait, depuis qu'il croyait avoir un fils, tout ce qui pouvait troubler de nouveau l'Angleterre, et après avoir fait le malheur de sa fille par son attachement opiniâtre à la Rose blanche, l'ambition, pour ce fils que la malheureuse Henriette lui avait donné, le retenait dans celui de Marguerite, malgré la haine qu'il conservait à Sommerset. Mais bientôt la reine se vit le jouet d'une faction qui n'eût pu être contenue que par la fermeté du monarque; tandis qu'au contraire, Henri devenait chaque jour plus incapable de gouverner; à sa faiblesse morale se joignit bientôt celle physique. Il fut attaqué d'une maladie très-grave, qui fit craindre pour ses jours. La reine, ayant un fils, se persuadait que la mort de son époux lui assurait la régence, et qu'elle gouvernerait l'état, comme elle l'avait toujours fait, conjointement avec Sommerset, jusqu'à la majorité de son fils, qui était bien éloignée, puisque le jeune prince avait à peine atteint sa première année. Cependant, comme les murmures contre le ministère allaient toujours croissant, la reine crut devoir convoquer le parlement

Pour son malheur, elle se laissa prendre, ainsi que son ministre, dans un piége qui ne réussit que trop au duc d'Yorck. Un conseiller d'état, vendu secrètement à ce prince, persuada à la reine qu'elle devait, pour s'assurer de l'intention des chefs du parti opposé à la cour, faire inviter le duc d'Yorck à venir prendre place au parlement, qui devait s'assembler à Westminster; que c'était un moyen de prouver au peuple qu'on ne le craignait pas, et que lui-même jugerait que le ministère était assez fort pour n'avoir rien à redouter de lui. La reine et Sommerset se laissèrent persuader : le duc reçut ses lettres de convocation pour lui et ses amis Stanlay, Howard, etc., etc. Ceux qui gouvernaient purent promptement s'apercevoir de la faute irréparable qu'ils venaient de commettre par la joie que le peuple de Londres témoigna en voyant le duc d'Yorck dans ses murs. Bientôt il se rendit au conseil d'état, appuyé par ses amis, qui y étaient en beaucoup plus grand nombre qu'on ne l'avait imaginé, y prit assez de puissance pour faire arrêter le duc de Sommerset, dans la chambre même de la reine, et le fit conduire à la Tour; puis, entrant dans le parlement, il y rendit compte d'une action si hardie, en soutint la nécessité, et se fit déclarer *protecteur du royaume, et défenseur de l'église et de l'état,* pendant l'enfance d'Edouard.

Herefort se trouvait alors dans une situation fort embarrassante; le duc avait à lui reprocher d'avoir abandonné son parti; et, par arrêté du parlement, il se trouvait soumis à ses ordres, et avait tout à craindre de son ressentiment. Il demanda donc à la reine la permission de donner sa démission de la charge de grand amiral et de se retirer à Birmingham. Cette princesse qui d'abord avait été frappée de consternation, au point de passer en France avec le prince de Galles, reprit bientôt le courage qui convenait à son caractère. Elle accepta la démission de George, mais à condition qu'il disposerait tout à Birmingham pour l'y recevoir avec son fils, si elle était forcée de quitter Londres, et qu'il ferait rassembler dans les souterrains, des hommes, des munitions, des vivres, pour pouvoir y trouver en tout état de cause des moyens de défense. Le lord le lui promit, et remit les lettres de grand amiral au lord Stanlay, qui le pressait au contraire de profiter de cette occasion pour rentrer en grâce avec le duc d'Yorck; le prince le désirait, mais sur son refus le duc en disposa en faveur du lord Albert.

Peu après le comte d'Herefort partit pour Birmingham où Anna et sa fille le revirent avec une grande joie. L'arrestation de Sommerset, le proche parent de milady Herefort, ne l'affligeait que bien faiblement. On se rappelle qu'elle ne l'avait jamais aimé, et que la préférence qu'elle avait accordée à George sur lui, avait toujours été un germe de dissention et de haine entre le ministre et l'époux d'Anna. Mais elle ne pouvait cependant se dissimuler que les démarches où elle avait entraîné son époux, en faveur de la famille régnante, deviendraient peut-être une source de calamités pour sa famille, si la puissance restait dans les mains du duc d'Yorck; que, d'ailleurs, aimant sincèrement la reine, elle ne pouvait voir cette princesse malheureuse, sans en être vivement affectée. Elle approuva donc, du fond du cœur, les mesures proposées pour relever le parti royal, et elle envoya un courrier;

pour assurer la reine qu'elle était prête, ainsi que ce qui lui appartenait, à tout faire pour l'aider à éloigner celui qui, par une audace incroyable, s'était emparé des rênes du gouvernement.

Cependant, Henriette était très-inquiète : l'homme au javelot était venu le matin dans les galeries basses ; il était probable qu'il passerait la journée dans les souterrains. Si son père y descend, s'il l'y rencontre, que se diront-ils ? Mon Dieu ! s'il allait attaquer le comte, ou que celui-ci le fît arrêter, que deviendrais-je ? Je ne puis aimer cet insensé, que dis-je, je ressentirais bien plutôt de la haine contre lui, si je pouvais haïr, et cependant, je ne pourrais le voir, sans douleur, victime de sa fatale passion ; d'ailleurs, que deviendraient Edgard et Cramps ? « Ma chère Roberson, descendez dans les souterrains, avec Edmond, tâchez d'y trouver la retraite de cet homme ; dites-lui qu'il s'éloigne, et ne revienne que lorsque les troubles seront apaisés. »

Madame Roberson ne se souciait pas beaucoup de cette commission ; mais elle pouvait être utile à Cramps ; devait-elle négliger les moyens que le ciel lui offrait pour conserver les jours de son époux. Elle lui écrivit quelques lignes qu'elle se flattait que l'homme mystérieux pourrait lui remettre, et descendit avec Edmond ; mais il n'était déjà plus temps : le comte les avait devancés dans les souterrains ; et au moment où il conduisait des travailleurs, pour déblayer l'ancienne ouverture des souterrains, il fut bien surpris d'apercevoir un chevalier armé de toutes pièces, qui met aussitôt l'épée à la main, et le force à en faire autant : le combat n'était pas égal, le comte n'avait que son épée, attachée à son baudrier, un simple pourpoint, et un manteau tel que le portent encore les Espagnols. Cependant, il attend de pied ferme l'inconnu, qu'il ne doute point être un émissaire du duc d'Yorck, quoiqu'il ne portât aucune couleur; leurs fers se croisent, Edmond accourt pour défendre l'époux de sa maîtresse; mais déjà le comte a reçu une large blessure dans le côté. Les ouvriers qui l'avaient accompagné, effrayés par l'air terrible du guerrier, s'enfuient au moment où Edmond reçoit le lord dans ses bras. L'homme au javelot prend une route souterraine que lui seul connaît, et ne peut être arrêté. L'écuyer n'est occupé, ainsi que mad. Roberson, qu'à arrêter le sang que perdait le comte. Cependant, les paysans qui ont vu tomber leur seigneur et fuir son adversaire, reviennent et forment un brancard avec des bois qui se trouvaient là : Edmond plie son manteau, afin de rendre le brancard moins dur pour le blessé. Madame Roberson couvre le comte de sa cape (espèce de pelisse dont les femmes se servaient alors), et l'écuyer et la nourrice le soutiennent des deux côtés. C'est ainsi que le triste cortège traverse les souterrains et rentre dans les cours du château. Henriette qui n'a que trop prévu ce malheur, ne peut y résister, et croyant que son père a cessé d'être, tombe évanouie aux pieds de sa mère, qui, ne pouvant comprendre la cause de cet événement, accourait au-devant de son époux, qui, malgré tout le sang qui était sorti de sa plaie, n'avait point perdu connaissance. « Je vis, dit-il, ma chère Anna, occupez-vous de votre fille. » Madame Roberson, qui a cédé sa place à la comtesse près de son époux, relève Henriette, et aidée de Jenny et des autres femmes qui étaient attachées à la mère et à la fille, la transporte dans son appartement, tandis que l'on place son père sur un lit où le chirurgien sonde la plaie et assure qu'elle n'est pas mortelle, que l'hémorragie seule est à craindre, et prend des précautions pour la prévenir.

Le comte est bientôt en état d'instruire sa compagne des circonstances de ce combat, qu'il attribue, comme nous l'avons dit, à quelques partisans de la Rose blanche, quoique son adversaire n'en portât pas les couleurs.

Henriette, confiée aux soins de sa nourrice, car Anna ne peut quitter son époux, reprend ses sens, et Edmond l'étant venu assurer qu'il n'y avait rien à craindre pour les jours du comte, elle exigea de madame Roberson, qu'elle la conduisît auprès de son père, dont elle se reprochait la blessure, quoiqu'elle n'en fût que la cause innocente.

Georges, entouré de sa femme et de ses enfans (car il avait voulu qu'on lui amenât son fils), d'amis et de domestiques fidèles, éprouva plus de consolation de leurs soins, qu'il n'avait ressenti de douleur de sa blessure; seulement, il ne pouvait concevoir par où cet homme avait pénétré dans les souterrains. Anna ne pensait nullement quel pouvait être celui qui avait attaqué son mari. Henriette ne le connaissait que trop; mais, enchaînée par ses sermens, elle était forcée à se taire, et réduite à pleurer en secret les suites funestes de sa passion pour Edgard. Jugeant que c'était encore à elle qu'il fallait attribuer ce nouveau malheur, elle employa tous ses soins pour adoucir les souffrances et l'ennui de son père, qui fut plus d'un mois sans pouvoir quitter son lit.

La nouvelle de cette singulière rencontre était parvenue à la reine, qui en avait été très-touchée et avait fait partir Barkler au même instant, pour qu'il pût remplacer le comte dans les préparatifs dont elle l'avait chargé, et qui devenaient d'autant plus pressans, que par des intrigues dans le détail desquelles je ne compte pas entrer, cette princesse était parvenue à faire sortir lord Sommerset de la Tour, et à ressaisir les rênes du gouvernement, sous le nom du roi, à qui elle avait même fait rendre, en apparence, la santé, par des cordiaux, afin qu'il fût en état de paraître au parlement, et d'y déclarer qu'il n'avait plus besoin de l'intervention du duc d'Yorck pour gouverner. Celui-ci, qui ne s'était pas douté que la reine oserait prendre ce parti, ne crut pas devoir s'y opposer. Le premier usage que cette princesse fit de son autorité fut de faire sortir Sommerset de la Tour, et de lui rendre le ministère ; mais elle n'en pensait pas moins qu'elle devait se mettre en garde contre la faction, et prendre tous les moyens pour y résister ; ce qu'elle espérait par les mesures qu'elle avait commandé à Herefort d'exécuter, et dont Barkler se chargea avec la plus grande activité.

FIN DU TOME SECOND.

www.ingramcontent.com/pod-product-compliance
Lightning Source LLC
Chambersburg PA
CBHW070657170426
43200CB00010B/2280